圖書文獻叢刊

盧荷生著

圖書館行政

文史哲出版社印行

圖書文獻叢刊

圖書館行政

著者：盧荷生
出版者：文史哲出版社
登記證字號：行政院新聞局版臺業字〇七五五號
發行所：文史哲出版社
印刷者：文史哲出版社
臺北市羅斯福路一段七十二巷四號
郵撥〇五一二八八一二彭正雄帳戶
電話：三五一一〇二八
實價新台幣二八〇元
中華民國七十五年四月文一版

02102

ISBN 957-547-166-0

代序

寫一本「圖書館行政」的書，雖是我與圖書館結緣以後不久就有了的一個心願，但卻不敢輕易嚐試，因爲我覺得寫這樣的一本書，輪不到我，行政牽涉太廣，學養又都不夠，所以廿多年來從未妄想過。

寫一本「圖書館行政」的書，說容易，也容易。因爲在一本書裏討論圖書館行政，只講原則，不談實務，比較容易自圓其說。尤其自己不是現役的圖書館員，可以大放高論，而肆無忌憚。

寫一本「圖書館行政」的書，說困難，也困難。因爲寫一本書來討論圖書館行政，自然總希望能夠對圖書館的經營，有一點點貢獻，那怕是一句話，一個觀念。但，眞的想這樣，還眞是困難。

寫一本「圖書館行政」的書，說麻煩也麻煩。因爲以一本書來討論圖書館行政，恐怕不能像經營圖書館的技術一樣，完全取向於外國，由於行政工作牽涉到人文因素的實在太多，既要順應潮流，還要合乎國情。

最後，我知道寫一本「圖書館行政」的書，結果不會太理想，但只希望這本書不要「淪」爲給學生上課時的課本，能多幾位圖書館界的同道看它，我才有機會得到更多的批評和指正。

圖書館行政　目次

附錄

甲 總論

壹、圖書館行政的基本概念

研究圖書館行政，讓圖書館員們都具備完整的行政觀念，能夠完善地處理行政工作，是促進圖書館事業的發展，使之發揮功能，達成任務的惟一途徑。

先舉一個例來說明。日前報上醫藥版有一段消息，現在社會十分需要全科醫生，醫學界和一般民衆都逐漸有這種共同的意念。回頭再看開業醫師的招牌，都把他的專科，放在醒目的位置，這說明一個事實，那便是病人選擇醫生的時候，對專科醫生比較有信心。另外，在一所大醫院裏，應診科別的細分，簡直不敢想像，病人到醫院掛號求診，眞有時不知道屬於那一科。人體的組織十分複雜，醫學的研究，必須分門別類，各有特定的範圍，各有專門的科別，這是不容爭辯的。而且，也惟有這樣分別去作專門的研究，才能夠奏功見效，所以分科應診，更是順理成章的事，病人選擇醫生，比較信任專科醫師，尤其沒有絲毫錯誤。正因爲這種原故，醫學的發展，越來越專門，越精細，成就相當驚人。可是，也許是物極必反的道理吧，過份的專精，產生了偏失，引發了問題。因爲，人體上有各種不同的器官，每種器官都有獨特的功能，彼此不能取代，各自發揮作用，在協調和諧的狀況下正常進行，形成人體的健康。此外，現在心理問題，也成爲人們健康的一大關鍵所在。換句話說，某一部份器官的疾病治療康復，並不一定能夠使病人完全恢復健康。再說得明白一點，那便是人體的各部門器官都很健康，這個人也不一定就健康。換腎的人，醫師都主張採用有血緣關係的人的腎臟，以減少排斥作用，但是我們仍舊發現效果不好。照說一個年輕的病人，各部份均健康，只有腎臟的機能發生問題，如今換進去一個健康的腎，他不是就沒有病了嗎？事實上，卻不然。這給我們大家很大而且很重要的一個啓示：人體的健康，要靠各種健康的器官作基礎；但是具備了都很健康的器官，未見得就形成人體的健康。其中奧秘，便値得探討了。其實，也很簡單，人體的器官，是在人體內正常運轉之下，才能發揮它的功能，離開了人體，已無所見其功能；縱使仍在人體之內，不能與其他器官協同和諧，也不能顯示功能。功能如果不能正常發揮，就常常未見其利，反而先受其害了。今天，大家感覺到需要全科醫生，是正確的，因爲我們不僅要醫治器官的疾病，我們更重視的是重建病人的健康。

研究圖書館行政，所講求的，正如上例所述，便是在圖書館各部門的工作之間，建立協同和諧的運轉關係，在正常的狀況下，追求最佳的工作效果，充份發揮功能，圓滿達成任務。所以，圖書館行政，是圖書館學所能表現的最高境界。

圖書館的工作，在人類文化史上起源甚早，因爲自從文字發明以後，典籍於焉產生，保存整理利用的活動便已開始。但是，現代圖書館學的興起，卻爲期甚晚。至於把圖書館學作系統的研究，列爲大學的課程，就更是近百餘年的事了。由於社會的需要，促進業務的發展，將圖書館學分成各個專精的部份成爲獨立研究的對象，力求精進，各有成就，更是晚近以來的新趨勢了。王振鵠館長在圖書館學的起源（見學生書局印行圖書館學—圖書館與圖書館學）文中曾有詳細的討論。這種新趨勢產生以後，在理論研究上，各循自己的路線前進；在業務處理上，則受到理論的影響。使圖書館的工作，在縱的發展方面，尙可維持良好的關聯；橫的聯繫，就容易出現不易協調一致的情形了。因爲，精深的研究，專注於此常易失之於彼，就圖書館整體而論，則必須設法解決了。彌補之道，只有藉重圖書館行政了。圖書館行政的內涵，便是在分組辦事的圖書館裏，使各單位能夠在對任務的共同體認下，協同和諧地正常運轉，發揮人力、財力和物力的最高效用，獲致圓滿的工作成果。在圖書館的業務中，行政工作既如此重要，那麼良好的行政工作，又如何可以構成呢？其中有一些基本認識，一定要先行建立，然後才能進一步談行政的本題。首先，在運用組織的分工之中，必須要有合作的意念。目前社會的特點，便是講求分工。一國之內的各行各業，是一種分工。一個機關之內的各工作單位，也是一種分工。甚至現在的小家庭，也要講求分工。但是，我們必須確認：分工是一種手段，合作才是目的。爲了達成任務的需要，爲了便利衆多的人員參加工作，爲了增加工作的效率，我們把整體的工作內容加以分割，交給不同的人去負責，然後依次進行，由始而終，最後到達完成的階段。像一所圖書館，它的任務在藉著圖書資料的蒐集、整理和流通，提供讀者使用，保存民族文化，圖書館常分成幾個工作單位，如採訪組負責圖書資料的採訪、選擇和購置；編目組掌理圖書資料的分類編目整理工作；閱覽組負責利用各種方式向讀者提供服務。這種業務上的分工，只是希望能順利達成工作的目標，每一組之下，也許再分成若干股，每股之下，還有不少人分別負責自己工作階段內的業務。可是，分工的系列，就像一條鐵鍊一樣，一環環互相扣牢，鐵鍊的功用，必須整條在一起才能顯示出來，單獨的一環，是無何功用之可言的。組織的分工，也是一樣。沒有合作意念的分工，是分崩，是分裂，是毫無意義的。只有在合作的前提之下分工，雖然每人負的責任不同，每人做的工作不同，但每人對共同的任務都有貢獻，而且缺少任何一個環節，都會牽一髮動全身，以致影響大局的。所以，分工的過程之中，人人都要時時以合作爲念，才有成功的機會。我國多年以來都是農業社會，以家族爲單位，鮮有與多人合作的事務，缺少合作的訓練，在分工之中，只求盡到本份，而不太注意到整體的關係。分工的結果，常造成各自爲政的現象，非但不能凝聚分工的力量，滙成一股洪流，有時甚至互相抵消，而削減了努力的成果，這眞是十分嚴重的問題。我們要談行政的效果，設若無法突破這一層藩籬，是永遠不能奏功的。試問大家都癡迷地固守在自己分工的天地裏，而置整體目標於不顧，還有何效果可言，圖書館這樣分工的結果，就慘不忍睹了；如果希望行政上收到成效，這一點是起碼的先決條件。

其次，談到組織分工，就不能強調分工之中的重要地位問題。小時候，曾經聽講過一個寓言，說人體上的器官，有一天在爭辯誰的地位最重要。心臟、口腔、腸胃、頭腦等等，大家都認爲自己重要，相持不下。後來，爲了顯示自己的重要，用「罷工」的方式來測驗重要性，結果這個人因器官的互不協調，已不成其爲人了。器官的重要性，更加說不上了。這當然是一個寓言，但卻含有極爲重要的意義。在一個團體的組織之中，不應該，也不容許任何一個單位過份強調自己的重要地位，而有意地貶低其他單位的重要性。因爲，這些都是破壞和諧協同的致命傷。何況，從分工的觀點來說。大家的責任和作用不一，根本說不上相互間重要性的高下。以我們每人都有的兩隻手來說，每隻手有五個手指，在手的構造上，大家都同意大姆指最重要。所以逢人說了不起的時候，總是翹起大姆指。而且由於大姆指可以和他四個指頭相對，用著它的機會較多，更顯得非比尋常。反過來看，小指的地位，最不受重視，因爲用得著它的時候實在太少了。然而，從一隻手的整體來說，就不能如此說法了。你如果試著用紗布把小指纏緊，使它不能彎曲，感覺便不同了。手的動作不靈活、不方便了。我們拿筆寫字，用筷子吃飯，明明與小指無關，現在卻顯出來事實不然了。小指不能活動，卻影響整隻手的功能。用這樣的例證，也許可以說明一點，那就是在組織之中，各部份都是相互爲用，相得益彰，相輔相成的，不能有任何偏廢。可是在目前一般的觀念之中，圖書館員都認爲分類編目最重要，圖書採訪次之，閱覽典藏再次之。以行政的立場來說，這是相當不合適的。那一部份工作都重要，那一部份也不該強調自己太重要，這些部門之中，是缺一不可的，也惟有各部門都做好，彼此互相協調好，才會有良好的結果的。在組織之中，容許有少數部份的功能，不是顯現易見的，所以就常被大家所忽略，其實行政的最大特質，就是講求複合的作用，不從任何單一的部份著眼考量，圖書館裏有少部份工作單位，並看不出有甚麼積極的成效，像一隻手上的小指一樣，雖沒有多少機會眞正在運用它，卻少不了它。這也正像幾年前報上的一段消息有醫生主張除非不得已，不要把盲腸割掉。盲腸在人體內，很少被發現有有益的功能，只有在發炎生病的時候，大家才提到盲腸，也就是在要把它割除的時候，至少是有疾病要治的時候，盲腸才引起人們對它的重視，可見它的存在，是多麼地不受歡迎。也由於這多年以來的經驗，有人主張及早割除，以免後患。但是後來醫學界卻發現不宜割除盲腸。這，在行政上是一個相當重要的例證，人體上何嘗會存在一種毫無功能的器官？如果眞的一點功能也沒有，也許早就被退化淘汰掉了。圖書館裏的各組織單位，都是根據推展業務，達成任務而設計成立的，怎會毫無功能？在行政措施中，我們常遭遇到困難，便是這種自以爲很重要的本位主義，一定要澄清祛除。圖書館學校，在分科教學的時候，尤其要避免或防止學生產生這種不够健全的觀念。再其次，在講求行政的時候，必須先建立對圖書館任務的體認。我們研究圖書館行政，只有一個目的，那便是利用所有一切的力量，努力圓滿地達成任務。那麼，任務是什麼，就必得有一個瞭解，而且要是清楚而確實的瞭解。負責行政工作的人，就像一部汽車的駕駛員一樣，車子發動了，要走向何處，還搞不清楚，如何操縱方向盤？拙著「我國當前圖書館教育任務之探討」一文（見國立中央圖書館編印圖書館事業合作與發展研討會會議紀要第一三二面），曾對圖書館的經營，任務是中心支柱，作過簡略的敍述：「我們討論圖書館學的問題，首要的，便是先要認定圖書館的任務。因爲我們創辦圖書館，必須以圖書館的任務爲依歸；我們經營圖書館，必須以圖書館的任務爲目標；我們發展圖書館，必須以圖書館的任務爲方針；我們衡量圖書館，也必須以圖書館的任務爲終極。圖書館的任務，是圖書館所有一切的軸心，圖書館的計劃、活動、設施，莫不環繞著圖書館的任務運轉，共同以達成圖書館的任務爲鵠的，圖書館的任務，是研究圖書館學的核心。探討圖書館的任務，是討論其他圖書館學問題的先決條件。」眞的，至今我們仍然確信：圖書館的任務，是決定圖書館行政所有一切的根源所在。圖書館經營的條件，如人力、財力和物力，都不可能充裕得讓我們隨心所欲。那麼，以有限的條件，如何加以分配與運用，都只有以任務的內涵來作抉擇了。文化中心的圖書館，它的任務是參加國家建設，提高文化水準，訓練一般民衆，適應現代生活。這樣的一所圖書館，在其行政處理上，便和別的圖書館不一樣。蒐集那些圖書資料，如何分類編目加以整理，怎樣安排閱覽服務活動，都必得作適當的修正考慮，才能對準自己的任務，運用所有的條件，追求最大成效。其他的圖書館，也是一樣。圖書館員，尤其是負責行政工作的人，對圖書館任務的深切瞭解，是非具備不可的。否則，像有的圖書館從業人員，缺少對任務的基本體認，沒有中心思想，人云亦云，別人怎麼做，他也怎麼做，人家怎麼說，他也怎麼說，還趕著跟進，事情做了不少，甚至也有很多新的措施，但都是學時髦，雖不能說是徒勞而無功，至少是從任務的觀點來衡量的話，是沒有多少績效可言的。我們有感於這一點，所以在研究圖書館行政之初，便先說明這一關鍵。近年來，政府加強文化建設，重視圖書館事業的發展，投下了大量的財力，是圖書館顯示功能、貢獻力量的大好機會。可是，如果不能把握住這緊要的一點，恐怕難逃「事倍功半」的結果，我們研究圖書館的行政工作，更要先建立這起碼的一點認識。

基於以上所述，我們再進一步，把從事圖書館行政的人員，必須具備的基本條件，加以簡略介紹。

第一、圖書館的行政人員，必須瞭解圖書館學的理論。圖書館學，由於多年來的發展與進步，現在已是一門專門而又高深的學問，大學裏有圖書館學系所，從事圖書館學的研究，可以得到很高學位，都證明在今日學術的範疇裏，圖書館學和其他的學問一樣，有它的固定的一席之地。當然，我們也承認，圖書館學和其他純理論研究的學問之間，容許有若干的不同之處。那便是圖書館學，是一門講求實用的學科。圖書館學理論的可貴之處，首要的就是可行性，藉著圖書館的經營，把理論透過實務，而顯示出它眞正的價值來。也由於這個原故，圖書館學的理論與實務，是互爲表裏，一而二，二而一的相互依存著。這也是我們要求圖書館行政人員要瞭解圖書館學理論的原因。以一位圖書書的館長來說，他負責圖書館的行政工作，所從事的是圖書館的實務，但是他所依循的，卻是圖書館學的理論。反過來的，正因爲圖書館長瞭解了圖書館學的理論，他才能擬訂出行政的方向，知道行政上採取何種措施，力量如何運用，可以把圖書館的工作做得更好。不僅此也，今日圖書館學的專門研究，也可以幫助圖書館，解決某一些特定工作上的困難。例如：圖書館的組織，傳統的做法，都喜歡按照工作的程序劃分，有採訪組、編目組、閱覽組和參考組等等，這樣自然便於分工的處理，各自掌理工作中的一個階級。但是，經由理論的研究，發現可以作一改變。把圖書館的整個工作，依照工作性質加以分割成兩大部份。因爲，圖書館的工作，無非兩者，服務工作本身和服務的準備工作。像圖書資料的選擇、採購、登錄、分類、編目、以及裝釘等工作，都是爲給讀者提供服務而作的準備工作，而且都是屬於技術性的，所以都劃歸技術事務部。另外，像閱覽、流通、參考、推廣等工作，乃是服務工作的本身，這一部門稱之爲讀者服務部。這樣劃分，事權統一，處理方便，合作容易。當然，在組織上來說，沒有十全十美的，但這種編組的改變，顯然有其優點，很多圖書館都採用了這種辦法，把圖書館分成技術事務部和讀者服務部。諸如此類的情形，因著理論的研究，進而作實務的改進，促成圖書館的改進，事例實在很多。設若圖書館長不在理論方面求瞭解，便失去種種改革的機會，因之而使圖書館的業務無法進步，乃是在意料之中。同時，我們還想說明一點，那便是正如上文所說，圖書館是一門應用學科，理論的研究，要以實務爲基礎。圖書館長一方面是實務的推展者，一方面也是理論的研究者。他依據理論推展實務，實務也在驗證理論，更在對理論的研究，作必要的修正。還有，理論的鑽研，多是要求其一般性，換句話說，希望夠適應於一般的圖書館，可是每一所圖書館的經營，卻每具有特殊的個別性，也就是當圖書館採用某一種理論的時候，都需要在理論的範圍內作若干程度的適應。提起這種適應，當然不能違反理論的基本原則，而且應該是在同一個邏輯基礎上來變動，如何才能維持這一要求，又非館長眞正瞭解理論的內涵不可了。否則，雖然只是作些微的改變，也可能與原來的構想大相逕庭，而成爲非驢非馬了。因爲他不瞭解理論的眞正涵義，把握不住要緊的地方，這些精神，眞是稍縱卽逝。我們常見到一些圖書館，把一些辦法加以改革，原本的用意，是在方便讀者，結果呢，適得其反。有時，則牢牢抓住細微末節，不肯權宜採行，自己覺得在堅守原則，不能放鬆，也造成多少的困擾，甚至抱怨理論的不健全。正如中國一句老話：擇善固執，你要是不知道何者爲善，卻一味地固執，那就糟了。圖書館長擇善的能力，就視他對理論瞭解的程度而定了。不懂得擇善，反而只固執，豈不是又未見其利，先受其害了嗎？圖書館長像個舵手，掌握了航行的方向，目的地是任務，要靠他瞭解和熟悉航線，再經歷了航程，然後到達成功的彼岸。總之，圖書館長及館內負責行政職務的人員，應該瞭解圖書館學的理論，決非過份奢求，而是必備的條件，也是法令中需要明文規定的。否則，就有違政府設置圖書館的意願了。這並不是我們修習過圖書館學的人，在職業上的一種排斥作用，而實在是因爲現代的圖書館，在經過長期發展以後，非有專業知識不足以從事了。如果不能承認這一點，等於否定了圖書館學的學術地位和專業價值，如同任命一位醫院院長，而不需要醫科畢業的人一樣了，簡直不可思議；與盲人瞎馬，緣木求魚，又何異哉？這決不是發展圖書館事業之道。我們相信：瞭解圖書館學理論的圖書館行政人員越多，圖書館事業發展越有前途。

第二、圖書館的行政人員，必須熟悉圖書館的實務。在上文裏，我們說圖書館行政人員，必須瞭解圖書館學的理論，頗能言之成理，現在又說要熟悉圖書館實務，似乎不是那麼重要。因爲，行政人員只要設計好工作的方式以後，便可以交由業務人員去執行，又何必自己熟悉實務呢！其實，實務是圖書館發展的階梯，有了理論爲我們建立的理想，成爲大家工作的目標，但是實現理想，到達目標，卻不是一步登天，一蹴即至的。從實務到理想，其間還有一段不算短的相當艱苦的歷程，而且必須是從現有的實務上，一步一步地累積而成的。所以，經由實務的逐步改進，而漸漸地接近理想，才是圖書館正常發展的軌跡。理論與實務之間，很像我國長久以來討論的知與行的關係。知識固然是一切行爲的根本，可是只有知識，而不求實踐的，所謂知而不行，不足以成事的。我國近代的圖書館運動，完全走的是美國路線，我們這麼說法，應該絲毫不爲過份。檢視當今圖書館學的論著，很少不是以美國的圖書館爲圭臬的。當然，我們也不是說以美國作爲我們的模範，就犯了什麼錯誤，實在說起來，是十分正確的。在目前的世界上，美國的圖書館事業，是最發達的。再以我國的情況而論，如果在最近五十年間，能夠達到美國的水準，就萬分了不起了，看起來相當不易。所以，我們尋檢出美國過去發展圖書館事業的足跡，再把握住美國推動圖書館工作的方向，向前邁進，還有甚麼可以遲疑的！不過，回顧我國近代圖書館的歷史，卻發現有點不是那麼回事。近百年了，我們有多少進展？有多少成就？究竟走出了幾步！太少了，太小了。何以故？客觀的原因很多，不是我們圖書館員所能控制的，我們不必多談。但是，我們也不能藉此推諉得一乾二淨，說是一點沒有責任。主觀的，圖書館員太忽視實務了，忘了實務是理論實踐的基石，把舊有的實務，依着理論的原則，逐步地修正改革，是圖書館發展的惟一途徑。有一點需要說明，那並不是單純地辦理業務的程序和手續，便是此所謂實務的全部。實務之中，除了這些以外，讀者是一個很重要的因素，不容忽視。我們研究改進實務，只有一個目的，那便是增加效果，效果的顯示，只有在讀者身上尋求。話說到這裏，便很明白了，實務到底有沒有改進，要看讀者是否受到益處而定。同樣的實務處理，面對不同的讀者，就可能產生不同的效果。因此，我們在考慮改進實務的時候，不把讀者的因素納入，很可能出現文不對題的現象，這樣的實務，當然不大可能有良好效果了。我們圖書館的發展，仿照美國，就容易有這種毛病，有人發現這種情況以後，抱怨讀者不夠水準，是有欠公平的，恐怕應該在實務方面作自我檢討了。這也是很多在美國推行得很好的辦法，我們這裏效果不見得理想的主要原因。負責圖書館行政工作的人，在設計圖書館業務推展計劃之時，不能不熟悉實務的道理，也便在此了。只懂得理論，也是徒然。同時，我們還要強調一點，不熟悉實務的行政人員，是沒有辦法領導部屬的。在行政的範圍裏，有所謂行政三聯制，計劃、執行和考核。考核雖是行政三聯制的最後一個階段，但卻是最重要的一部份。行政的目的，在講求效果的多少，表示出行政的良窳，而效果的衡量，便是考核。考核的實施，正是從實務中檢視效果。不熟悉實務，就無法衡量效果。過去的圖書館，業務不像今天那麼複襍，也少有圖書館學校的畢業生，專門準備從事圖書館工作，圖書館的從業人員，大多是別的學科出身的。他們沒有受過圖書館的專業訓練，但由於長期工作的結果，縱不瞭解圖書館的理論，卻精嫻於實務。後來，圖書館教育逐漸普及，專習圖書館學的人員加多，又由於圖書館的業務越來越專業化，沒有修習圖書館學，幾乎無法處理，所以專業的圖書館員的需要增加，圖書館工作人員的成份發生了變化。這批專業人員進入圖書館以後，很多都擔任了行政工作，沒有從基層工作開始，缺乏實務訓練，在計劃擬訂上，固有困難，但仍有理論爲基礎，雖未盡完善，尚可完成，及至執行與考核，便遭遇太多問題了。計劃的時候，未考慮實務，已是缺憾；執行的時候，一定發生窒礙難行的情形；考核的時候，更是無從着手。據說，當年英國贏得日不沒國美譽的時候，海軍最爲強大，而他們訓練海軍軍官的方法，是在學校受訓，和上軍艦實習，交互實施的，這有非常良好的效果。等到這些軍官上艦服役的時候，他們對於水兵的狀況，已有充份瞭解，因爲有過實地的體驗。在發佈命令，工作要求上，都會恰如其份，不寬不嚴，用一句流行的話來說，便是溝通的準備工作做得很好，這正是領導統御的必備條件。圖書館的行政幹部，不瞭解每一館員工作崗位上的甘苦，要確實的領導，認眞的考核，幾乎是不大可能的。比如一位負責典藏的館員，一百册書歸架，到底大約需用多少時間。在圖書分類的過程中，常遇到何種困難，如何解決，最爲方便。也許有人認爲，如此細微末節，負責行政的人何必花費心神去留心注意，其實是相當要緊的。由於彼此不瞭解，而造成人事上的不協調，尤爲行政上所忌諱的。圖書館學，究竟是一門實用的學科，實務是重要的一環，行政人員不可不知，拙著「圖書館學的實用價值」文中有較爲詳細的論述。

第三、圖書館的行政人員，必須略知行政學的原則。「行政」兩字，現在應用得非常廣泛，觀念上有點模糊，甚至有人把事務工作當成是行政工作。另一方面，行政學的研究，已十分專精，在大學裏，有專門的系所，是一門高深的學問。而行政的工作，也起源得很早，至少人類有了早期社會組織的時候，便已開始了行政工作，只是沒有這個名稱而已。圖書館是一個行政組織，在這個組織裏面，要靠行政的措施，聚合所有的人力、財力和物力一切條件，求取最高的工作效果，自然也要藉重行政學。在行政學的範疇裏，今日已有若干基本的原則，是行政處理的重要依據，我們負責圖書館行政的人，當然也必得遵循。過去，行政學的知識，沒有像現在這麼普及，大家在做行政工作的時候，也沒有研習過行政學，是不是就沒有講求這些原則呢？其實也不，在行政處理上，我們早已應用了某一些觀念，只是沒有作系統化的整理而已。現在，我們雖然不可能，也大可不必，去專門研究行政學，但是如果能夠略知其原則，對於圖書館行政而言，一定有極大的幫助，應該是不容懷疑的。這是我們研究圖書館行政，也很強調這一點的原因所在。首先，我們應該瞭解，行政不同於管理。管理偏重在事務的處理，只講求工作的方法與技術，主要的是在執行，層次較低。而行政呢，除了管理以外，最大的特色，是具有通盤籌劃的完整性，兼及於工作的決策、計劃、組織、和中心的指揮與領導等。它一定要具有衡量輕重緩急，審判利害優劣的自由裁量權。行政人員在洞悉全盤狀況之後，運用自己的判斷力與創造力，作最適切的抉擇。所以，它的層次要高得多了。我們常勸圖書館學校的學生，要當一位圖書館員，不要只做一個圖書管理員，分別也就是由此而來。前面，我們希望負責圖書館行政的人，能多瞭解圖書館學的理論，是掌握住圖書館發展的正確方向；希望他們熟悉圖書館的實務，是尋求圖書館工作的良好方式；現在又希望能略知行政學的原則，是活用了圖書館成長的生命契機。我們可以理解，任何一所圖書館，在有限的條件之下，要想達成無限的任務，是絕不可能的。只有圖書館在良好的行政措施裏面，知其本末，衡其輕重，做出最好的抉擇，才是最高的境界。在圖書館的經營裏，這種事例眞多得不勝枚舉。以最普通常見的狀況爲例，作一次簡略的說明。就圖書館業務而言，各部門都是連環地結牢在一起，不能分割的，可是在圖書館的業務處理中，如果輕重不分，本末倒置，會影響到成效的獲致。有一部份圖書館，過份重視推廣活動。現代的圖書館，致力於推廣活動，是一種新的趨勢，而且推廣活動也確實使圖書館更顯得富於活力，更能在工作上求得表現。因爲，推廣活動的推展，多半是選擇特定的主題，尤其常是大家所關心的，又容易把握住特定的對象，都是有問題急待解決的對象。所以，在推廣活動之中，常能吸引很多的讀者，使圖書館頓時變得很熱鬧，一般人也因此覺察到圖書館確曾做了不少的事。當然，我們承認：推廣活動有獨到的功能，是其他工作單位無法取代的。特別是在當前的社會裏，大家漠視圖書館的存在價值，更需要藉重推廣活動，來修正讀者的觀念。可是，我們曾否想過，推廣活動在整個圖書館業務之中，居於何種地位？舉辦推廣活動的眞正目的又何在？明白了這些，你對於推廣活動的態度，就可能有了若干的改變，至少不至於專注於推廣活動，而冷淡其他圖書館正常運轉的業務了。你也會發現，推廣活動固然是基於某一種需要而舉辦的，但是如何藉著它的誘導而加強圖書館功能的發揮，是更重要的。推廣活動不是獨立於正常業務之外的，而是配合整個業務而生存的。因此，當我們一踏進圖書館的大門，觸目皆是推廣活動的海報，心中會有何種感受？會不會問：圖書館到底是做甚麼的？業務之間的通盤考慮，適切的調整，只有靠行政學的運用了。一館之內，舉凡業務、人員以及可運用的條件，都必須在這一原則之下，經由準確的判斷，作合理的安排。行政的內涵之中，還有創造力的成份，更是最可貴的一點。憑着創造力的巧思，能把行政的效果，達到最高峰，更是我們夢寐以求的，也是行政的最高表現。我們常見到兩所條件相若的圖書館，經營的結果，卻大不相同，而有懸殊的高低差異；這些都是行政運用的不同所造成的。圖書館行政人員，能不能把握住行政學的原則，的確會影響到圖書館的發展，我想應該可以得到大家同意的。不過，這僅是原則的運用，運用的內容，則仍舊是以圖書館學的理論與實務爲依據的。只憑行政學的原則，是不能成事的。不講求行政的原則，也是不應該的。

綜合以上所述，可以作成一些結論。首先，創設圖書館，希望達成所賦予的任務，並不是具備了一些條件，就一定可以圓滿完成的，必須要講求圖書館行政。其次，講求圖書館行政，就要爲圖書館慎選適當的行政人員。再次，所謂適當的行政人員，應該具備圖書館學的專業知識，和行政的素養。圖書館學的專業知識，是兼包理論與實務兩者。行政的素養，則是行政學的觀念，加上行政工作的經驗。這是發展圖書館事業的起點，而且是唯一的起點。

本章參考資料：

一、中國圖書館學會出版委員會編圖書館學
二、藍乾章編著圖書館經營法
三、拙著圖書館學的實用價值
四、拙著我國當前圖書館教育任務之探討
五、James A. Hulbert: An Introduction to Library Service.
六、張金鑑著行政學典範

貳、圖書館行政的基本原則

圖書館行政，要想處理得很好，眞是說來簡單，做起來卻不那麼容易。在上一章裏，我們曾經再三提到，希望負責圖書館行政的人員，要瞭解理論，要熟悉實務，要略知行政學的原則，當然是覺得具備上述三種條件的人，應該可以把行政工作做好。不過，反過來說，眞的都有了這些條件，行政工作就定準能做好嗎？也未必盡然。因爲，行政工作並不是純知識的活動，包含了相當成份的人爲因素在內。記得唸大學的時候，沈師剛伯先生有一次說起，有年輕的自然科學家，不可能有年輕的人文社會科學家。理由很簡單，自然科學研究的對象是物，物的反應和變化，有一定的規律。人文社會科學研究的對象是人，人就難以捉摸了。所以，研究人的學科，要有特殊的成就，除了知識以外，還要有經驗，經驗就是慢慢累積起來的了，不是埋首研究室，多做幾個實驗便可以得到的。研究人文社會學科，必待年長以後才可能得到深刻的體會和瞭解。行政處理的對象，自然不僅僅是人，而人卻是主要的，又是最難處理的對象。這，增加了行政工作的複雜性，在處理上遭遇到很多困難。爲此擔任行政工作的人員，除去要具備的條件以外，經驗是十分重要的一個因素。研究圖書館行政的人，常常都可以發現一件事實，主持圖書館行政的個人所形成的差異太多了，套句江湖話，眞是戲法人人會變，巧妙各有不同。這樣說來，行政工作又顯得飄忽不定，莫衷一是了，又未必盡然。在錯綜複雜的行政工作裏，仍然有原則可尋的，也就是要想把行政工作做好，還有若干的基本原則，可以提供大家遵循。在行政處理裏，設若違反了這些原則，不但會破壞行政的圓滿，至少也會遭遇到或多或少的困擾的。現在我們簡單介紹如下：

第一、圖書館行政要一元化：所謂一元化，那就是要建立單一的領導中心，全館的最高決策，都是以這一個中心的意見爲依歸。從工作程序來說，圖書館有採訪、編目、閱覽、典藏和事務等各部門；以組織來說，更有不同的編組，人員多、經費多、事務多。試想這樣一個組織，在行政上如果沒有一個中心所在，則紛雜不一的現象必然發生，重複浪費的情形也無法避免，行政處理的效率自然要受影響，這是研究圖書館行政，所必須防範的。一所圖書館，由於業務繁重，工作瑣碎，分組辦事，已是必然要採取的方式。既經分工，則各有職守，責任分明，各自在本份之內，努力以赴，效果必將宏大圓滿。可是，在分組以後，也就各有立場，對於同一個問題，就會出現不同的意見，提出不同的要求。舉凡業務的劃分，人員的編組，經費的分配等等，會各持己見，甚至會引起爭執，形成行政體系上的分裂現象，這是危險的信號。解決的途徑，就只有靠單一領導中心的建立了。也許有人說，今日的世界，是一個民主的時代，一般的國家，均熱心於推行民主制度，固是衆所皆知的事實，就連共產極權國家，也都有假裝的民主制度存在。如今講求圖書館行政，卻首先便強調單一的領導中心，是否違反了這一良好的時代潮流。因爲，單一的領導中心，有接近集中權力的趨向。其實不然，我們還是以人體的構造爲例來加以說明。人體也是一個極爲複雜的組織，有很多的器官，更有多少不同的組織系統，各有其特殊的功能，而且都是不可缺少的。人體的不健康，有兩種基本的狀況，一是某種器官遭到損害，無法發揮功能，引起整體運轉的不能正常。另一是兩種以上的器官，在協調合作上發生障礙，也造成人體的健康不良。所以在人體之中，也有一個負責聯繫的領導中心，才使得各器官與組織之間，保持行動一致，得到健康的狀況。說得更明白一點，比如我們前進，出右腿，擺左手；出左腿，擺右手，才能順利向前行走。有時在受軍訓的場合，碰到緊張的士兵，他出左腿，擺左手，不但行動起來不自然，行走前進的效果，也不會良好。這可以證明，單一的領導中心，是何等的重要！至於說單一的領導中心，會導致成爲集中權力，那是多餘的疑慮。因爲，在健全的行政組織中，所產生的單一領導中心，不是少數人的把持，或者分贓式的權力運用，其基本精神，仍舊是民主的。此話怎說？我們瞭解，民主的優點，是凝聚多人的智慧成爲一體，而被大家所奉行和遵守。前面我們也強調這一點，那便是分工之中，必須要有合作的意念，才能得到行政的效果。因爲分組辦事而產生的不同立場和意見，如果從合作的意念重作考慮，如果從整體的利益再加衡量，便可能自動地有若干的修正。在溝通和瞭解的過程以後，理性的進行，一定能夠出現共同的觀念。這共同的觀念，便是單一領導中心的精神所在。行政工作的作用，便顯示在這些地方。眞正的民主制度，也不是各自爲政啊！我們不能忘記，圖書館的分類編目做得盡善盡美，並不能認定爲圖書館的任務已經達成，目錄要使用以後，才有眞正的功效。何況，採訪部門的工作做得不夠理想，目錄編得再好，也是徒然的。圖書館的行政工作者，在政策上有了明智的抉擇以後，把所有的工作部門，每一個工作人員，都融合圍繞在四周，相輔相成，必能得到理想的成就。這單一的領導中心，把組織之中的各種縱的與橫的關係，都聯繫得很妥貼，便是它的任務。而這單一領導中心的形成，都是出於每一份子的心願，因爲他們對共同的任務，都有詳切的體認，覺察了自己的工作，所作的努力，在總的目標裏面，都有一份貢獻，那怕只有一磚一瓦。因此，我們可以說，這單一的領導中心，圖書館的一元化，是全館人員心志的凝聚，是整體觀念的形成，是行政目標實現的階梯。如果，把它當成是發號施令的所在，要大家接受它的指揮，甚至於是無條件的，那便大錯特錯了。我們確認，在行政體系中，只有在各種措施的執行過程中，循著一元化的原則向下引伸，向外發展，使大家行動一致，步調一致，邁向目標，才有成功的希望。這又何嘗是專制，或者集權呢！我們盼望圖書館的行政人員，甚至包括所有的館員，都對圖書館的理論有所瞭解，也就是方便一元化的進行。爲的是大家都瞭解理論，便容易體認任務；彼此的觀念，也容易得到溝通；共同的觀念，更容易形成；單一的領導中心，就可以順利建立；而圖書館行政一元化的原則，自然可以維持；行政效果的良好，已是水到渠成了。反過來，如果不成，就甚麼都說不上了。

第二、圖書館行政要科學化：科學二字，現在應用得很廣，廣義的科學，已經不是指的某一種學科，或者某一類學問，而實在就是合理、適當的意思。天下事情，能够維持合理而適當的境界，也就是恰到好處，是最難得的了。在行政處理上，要尋求和堅守住科學化的原則，也不是一件容易的事。

但是，科學化的要求，在圖書館行政裏，卻是十分強烈的。眞的能使得圖書館行政科學化，其效果必然是可觀的。現在的圖書館，要蒐集的資料多，要提供的服務多，要服務的讀者多，在這麼「多」的要求之下，圖書館的業務，變得十分複雜。圖書館員處理那麼複雜的業務，必得把握住基本原則，要注意其整體性，要瞭解其個別性，還要保持其連貫性。任何一件工作的安排，一定要察覺到它在整個業務中的地位，對任務和功能有何影響。同時，這件工作與其他工作有何不同，在處理上需要特別注意。再說，偌多的工作中，彼此如何聯繫，才能協同一致。諸如此類的問題，一定要在合理、適當的原則下尋求解決，行政的體系，才能保持和諧，行政的功能，才能發揚光大。不過，我們要聲明一點，所謂合理和適當，也就是恰到好處，是一種境界，是一種狀況，是沒有一定而客觀的標準的。我們不能說某一種處理方式是科學的，另外一種是不科學的，因爲這要看各館的個別情況而定。況且萬事萬物，都不可能十全十美，只要利多弊少，而且缺點減少到最低限度，這便可以說得上是很好了。所以，我們所說的科學，除去合理及適當而外，也必須是客觀的。客觀是科學的基本要件。這裏，我們不妨舉一件事爲例，來作概略的說明。期刊，在圖書館的收藏裏，算是一種較爲特殊的資料。我們說它特殊，有幾點理由。期刊的出版方式特殊，是一種連續性出版品。期刊的內容價值特殊，是一種最新頴的資料。期刊的管理方法特殊，先閱覽、後編目，與一般圖書的處理程序正好相反。……總之，期刊是一種很特殊的資料就是了。在圖書館裏，期刊管理的業務，究竟應該如何隸屬？如何劃分？在圖書館行政的研究上，是一個値得討論的問題。期刊的選擇與採購，當然屬於採訪部門的業務，不待爭辯。那麼期刊的閱覽呢？過期的，成卷的期刊，要裝釘成册，再分類編目，這些業務又應該歸誰呢？典藏呢？流通呢？這些問題，在圖書館行政上，不宜給予確實的答案，恐怕應該因館而異。一般的圖書館，把期刊的採訪和閱覽，都交付給一個單位管理，由於每日每週收到的期刊，需要以儘快的速度提供閱覽，不能和圖書一樣，驗收啦，登錄啦，一步一步做下去，就不知道到何時才能公共閱覽，也許都失去了新聞價值了。常見的辦法，圖書館都把期刊的採訪和閱覽，交由同一個單位負責，這也是很科學的做法。往後的問題，便常引起爭論了。不同的看法也眞是各有優劣，只看是如何着想了！有的主張，在過期以後，成卷的期刊，裝釘和分類編目，甚至典藏和流通，都應該一概由期刊單位負責，這樣事權統一，一貫作業，很合乎行政的科學原則。只要是有關期刊的，無論是館員或者是讀者，都知道直接向他們查詢就可以了，而且可以免除繁重的作業上的轉移手續，眞是一舉數得。編目和典藏單位，也不一定會反對，因爲這樣他們可以減輕工作上的負擔，豈不是大家歡喜的行政安排！可是，如果往另外一個角度衡量，可能所得到的印象就不同了。期刊的分類編目，由期刊管理單位負責，便自然地產生一個現象，那便是一館之內，有了兩個擔任編目的單位。兩個編目單位，分別處理圖書和期刊，在分工上來說，也沒有任何不妥。只是有一個問題，圖書和期刊的目錄，不容易歸納在同一個目錄系統之中，對某一些讀者來說，會有不方便的感覺。讀者到圖書館尋找資料，最大的希望便是一下子能得到完整的所有資料，一來是不會耗費太多時間，二來是讀者不會那麼瞭解圖書館的分工系統，查了一份目錄，還要再查另外一份目錄，終究是不方便的。站在服務讀者的立場圖書館一定也常考慮到這個問題。如何才能做出合理而適當的安排，在行政業務上，需要作深入的研究。我們知道，行政的安排，越合乎科學化的原則，越能走上達成任務的捷徑。合理便順乎自然，適當才能簡便易行，這是宇宙間萬事萬物共通的道理，圖書館行政何能例外?!科學急遽發展，是廿世紀的最大的特徵；科學知識大量的增加和利用，是今日社會進步的基礎；科學精神的普遍被接受和應用，更是目前世界上不可抗拒的一股潮流，它也眞的能把人間事務處理得更加妥貼，我們研究圖書館行政，當然不能忽視這一點。

第三、圖書館行政要制度化：我國的過去，都是以情爲主，大至立國，小至爲人，莫不以情爲先，所以連機關團體，也常靠情來維繫。可是，今日的社會，卻錯綜複雜，變化多端，人與事的關係，均大非昔比，簡直不可同日而語。換句話說，用過去的方式，以情來維繫，常會感覺到力量的不足，必須另謀補救之道。無他，除情以外，必得濟之以法，惟有情法交互爲用，方可期於至善。衆人的事務，一定要建立原則，以供大家遵循，然後依照原則切實執行，無怨無尤，衆皆和善，自然萬事順利，成功可期。這裏所說的原則，便是我們強調的制度化。制度化的建立，以當前環境而言，實在不是容易的事，但是有熱切的需要存在，也是不容爭辯的。建立制度化，常常要摒除人情的困擾，處理任何事務，都不因人而異，因事而異，而達成劃一的境界。可是，處理行政的是人，處理的對象也都是關係到人，人又是感情的動物，此中必然存在著強烈的矛盾。如何而能制度化，那又是要靠行政工作的昇華作用了。在行政處理之中，我們都有法令作爲依據，法令就是制度化的根源，把法令加以衍化，便成爲制度。所以，在推行制度化的過程之中，要依行政法令，要公平合理，要建立大家對它的信任，要把個人的利益和僥倖的心理，在制度化的原則之下化爲無形，而了無怨懟。例如人員的任用與升遷，每造成行政上的困擾。有行政責任的人，也願意秉公處理，依法行事，而不滲入絲毫的人爲因素。可是，法令卻不能適應所有的情況，行政上又賦予了自由裁量的權力，可以使用，也非使用不可。行政主管本人呢，對所屬員工的印象，有公務上的接觸，也有私人的愛惡，這本是人的常情，誰也避免不了的。這些因素，當然會影響到行政上的決定。公平合理，便是此時最好的警示燈。按照人事管理的原則，分析每一個職位的內涵，再就考慮的對象分析研判，誰比較適合，就很明朗化了。進一步的研究考訂，也是制度化的注釋。使依法形成的制度，內容更充實，界限更明白，理性更提高，大家對於制度更加認同，更加信任，更加願意遵守，制度化的觀念，也就更加深植在每一個人心裏了。出於個人的偏私意念，可以說是無由表現了。人情所帶來的困擾便蕩然無存了。行政的效果，還不相對的增加，那是不可能的。這樣的處理，有時需要無畏的勇氣，和堅持的決心。不過，這些是有代價的，制度一旦建立，就像鐵路有了軌道一般，火車便能順利的行駛，目的地再遠，也會成功地到達的。否則，不努力建立制度，不認眞把握原則，爲了一點自己的偏私，爲了平息別人的情緒，抉擇了不盡合理的處置，會就像春蠶吐絲一樣的，把自己束縛得越來越緊，卒致於動彈不得，而無活動的餘地，更遑論行政效率的加強了。人的私心，今日有，明日還有，也許更多更大。這人有私心，那人有私心，人人都有私心。一旦私而忘公，甚麼都顧不得了，那有行政的觀念。當然，我們並不否認，合法合理的私心，也有其存在的價值，而且也無法根絕。不過，從組織的觀點來說，就團體的利益而論，依行政的立場著眼，過度的私心，是妨害整體的，不容存在。我們在圖書館行政中，要求講究制度化，一則想藉著法令制度，不著形跡地抑制住私心；二則想藉行政的運用把私心轉移而成為團體的力量。我們前面說到要建立大家對制度的信心，原因也就在此。大家都對館裏的行政措施有信心，都循著正軌在競爭，努力工作，充實自己，一方面為團體貢獻自己的心力，一方面為自己創造更好的機會。因為，每一個人都相信，當適合自己的機會到來時，不假外求，便自然是自己的。不適合自己的，雖設法去強求，也必無結果。大家心平氣和，將公私兩方面的私益，結合成為一體，這是何等可愛的工作環境！其光明的遠景，眞是指日可待的。也許，有人會說，天下事情那有那麼美妙的，說起來容易，做起來就不是那麼樣了。是的，行政的最高成就，是不會那樣容易達成的，但這不也正說明行政的可貴嗎?!只要我們深切體會，行政確實必須講求制度化，制度化可以為行政帶來新的境界，我們便當堅決地去邁向這一里程，天下那有只耕耘，而沒有收穫的事！圖書館行政一元化，可以凝聚館員們的心志，而成為整體的力量；圖書館行政的制度化，正是凝聚大家心志的過程，在這個過程中滙集成一股洪流，衝向成功的大道。制度化，眞是圖書館行政的命脈，無可懷疑。

第四、圖書館行政要機動化：本位主義，這一名詞，目前很為流行，也是大家批評行政組織的弊病。機關與機關之間，各採本位主義，只圖自己方便，不顧別人利害，不講團體利益。同一個機關之內，各部門也大行本位主義，彼此間不聯繫，不合作，以為只要盡到本份，天下事都與我無關，甚至說不是自己的能力所及，愛莫能助。其實何嘗是如此的！我們前面再三提過，今日圖書館的業務繁重，非藉組織不足以推行其事，運用組織，便是採取分工，分工的目的，卻在合作。沒有合作的意念，分工是危險的。那麼，分工之中，如何講求合作呢？這便是圖書館行政的機動化。我們還是用一項圖書館的業務為例，比較容易解釋清楚。在圖書館裏，圖書資料的選購工作，是採訪部門的責任，只要是略為瞭解圖書館的人，都會置信不疑的。他們從蒐集資料，瞭解出版狀況，再利用對圖書資料所具備的知識，斟酌本館的館藏，衡量經費的預算，從事選擇和採購，這些都是專業的工作，要接受專業的訓練，吸收專業的知識，然後才勝任愉快。所以，一提到採購圖書資料的工作，便想到這些專業館員。誠然，圖書資料的採購業務，是他們的責任，不過究竟該採購那些圖書資料，並不全是他們的職權。圖書館建立完美的館藏，不像收藏家那樣專門炫耀藏品的名貴，或者是稀世之寶，圖書館是希望藉著豐富的館藏，為讀者提供良好的服務。也由於這個原因，在評鑑館藏的優劣之時，除了量多質精之外，其被利用的情形，也要考慮在內。基於以上的立論，圖書館選擇圖書資料的時候，當然要依圖書資料本身的價值加以考慮，但是讀者的需要，也值得特別注意。圖書館如何瞭解讀者的需要，就很值得商榷，恐怕不是採訪部門的館員所可能辦得到的了。在圖書館員中，和讀者接觸最多的，也應該是瞭解讀者最多的，一定是讀者服務部門的人員，像閱覽、流通和參考的工作人員，由於直接服務讀者，從人際的接觸上，從統計的資料上，都可以發現一些線索，到底讀者來館，對那些圖書資料的需要最多，雖未見得就完全根據讀者的需要去選購，但作為選購的參考，卻是應該的，也是必須的。採訪人員少有和讀者接觸的機會，那麼這些情報由何而來呢，勢必是由讀者服務人員所提供的。我們常喜歡說，讀者服務人員，是圖書館的觸角，站在圖書館工作的第一線，他們爲圖書館收「戰果」。他們無疑的是以擔任服務工作爲其主要任務，恐怕在規章裏，或者辦事細則裏，很少會明文規定讀者服務部門，有責任協助處理圖書資料的選購工作的。事實上，卻需要，也應該這麼做。在行政上，便是所謂的機動化。機動化的原則，就是彌補組織分工上的間隙。在組織裏，基於分工的需要，恨不得都劃分得一淸二楚，涇渭分明，這樣才會免得日後責任不淸，職權不明。這也是分工的基本原則，完全合理的。然而，天下事情，常不會如想像中的那麼如意，那麼圓滿。就會有那些工作，沒有辦法嚴格地劃分，而且用列舉的方法來劃分的話，也必然有些不勝列舉的。再說，在圖書館裏，有些工作是超越在組織劃分的界限之上的，也就是兩個或者兩個以上單位都有責任的。這些都是分工的缺點，要設法彌補的。圖書館行政的機動化，正是爲此而要求的。在整體任務的體認下，在共同目標的要求下，從劃分的本位工作中，大家都再向前走一步，凡是館裏的工作，都認爲是自己的，至少是和自己的工作有關的，不是爭著要做，而是盡可能的貢獻自己一份心力。這樣，圖書館的業務，便氣息相通，溶成一體了。組織的分工，便不會出現致命的間隙了。當然，在這裏也必得說明一句，那便是在這種機動化的合作之中，一定要認淸賓主的關係，喧賓奪主，不應該，更不可以，那便有越權之嫌了。正如上文所說，讀者服務部門的館員，有義務提供讀者反應的情報。可是，也得認淸，這份情報，僅是採訪館員的參考意見，不是最終的決定。我們提供這些反應，目的在使館藏更健全，服務效果更良好，至於是否眞的就列入採購的範圍，就不是我們所可干預或者影響的了。過分了，破壞了組織，更不合行政的原則。這也許合於古訓的中庸之道吧！要恰如其份。總之，我們所說的圖書館行政的機動化，是館員們精神的動員，心志的凝聚，把大家圍繞在任務與責任的周圍，密切合作，精誠團結。機動化是出自內心的一種展露，而不是靠行政上的命令，或者刻意的安排，才能達成的。靠命令與安排，是組織間隙呈現以後的補救，比起組織之間所保持的彈性，自然地機動化運轉，要差得不能以道里計了。機動化可以防止組織僵化，僵化的組織，便談不上行政了。我們要把機動化當成是圖書館組織的防疫藥劑，應該是最好的說明，最恰當的例證。

第五、圖書館行政要企業化：在一般的習慣裏，企業二字，都是和工商業連在一起的，圖書館行政也要講求企業化，豈不令人有文不對題的感覺？我們希望圖書館行政企業化，是想藉企業經營的精神，喚起圖書館的新生命，在圖書館經營中激發新情愫，爲圖書館事業開創新里程。過去多少年來，我們的圖書館事業，已有相當成就，是有目共睹的事。時代改變了，社會改變了，圖書館的發展，隨著工作環境的改變，讀者對圖書館的需要增加，圖書館的工作層面加多，圖書館本身，也要作相當的適應，是理所當然的。目前社會中，正熱烈要求現代化，圖書館沒有辦法例外。圖書館現代化，在圖書館學界也引起了大家的注意，而且有很多地方也正着手進行，可喜的是有了不少成效。可惜現代化的方向，比較偏重在設備方面、技術方面、和工作項目方面，缺少的，卻是精神方面。誠然，設備現代化，技術現代化，工作項目現代化，都是圖書館現代化不可缺少的部份。這些都現代化了，才能促進圖書館現代化，不過現代化的目標，卻未必能够依靠這些就圓滿達成。如果沒有現代化的精神，將影響到預期的效果，也應該是可以得到大家同意的一點。現代化的精神是甚麼？是企業經營中的求新求進，精益求精，永不滿足的態度。民國四十八年二月，業師藍乾章先生圖書館經營法初版印行，當時我個人剛參加圖書館工作不久，雖正在進修之中，對圖書館學的觀念依然模糊，對經營二字，頗不能領略其中涵義。現在想起來，應該就是經之營之，念玆在玆的永不停息，鍥而不捨的工作精神。在各行各業中，最講究求新求進精神的，要算工商業了。他們賺錢，分毫必爭，一定要搶個機先，所以時時刻刻都得保持高度警覺，賺錢又沒有嫌多的，永遠不會滿足，企業精神便是他們的法寶。如果圖書館的經營，像工商業那樣，有著企業的精神，保證會有很高的成就。現在的圖書館，確實需要這樣的精神，才能充份顯示其存在價值。近兩個世紀以來，人類社會發生許多特異狀況，其中最重要，而且影響最大的，便是知識的發展。在知識發展的領域，無論是縱深的，或者是寬廣的，都有驚人的成就。再加上政治的民主，經濟的自由，社會的平等，知識已不是少數人的專利品，而成爲大衆追求的對象。知識的活動，簡直可以說是全民的。他們爲了滿足政治上的慾望，行使政治上的權利，都要充實自己的知識。經濟方面的引誘，更加令人無法抗拒。從事工商業的經營，以及農畜事業的管理，現在都是非具備豐富的知識不足以應付的。工業的發展和研究，商業的開拓和經營，要以知識爲基礎，大家都能體會得到。農業生產，畜牧工作，像某種作物要某種肥料，多少水份，甚麼溫度，都是專門的學問。像飼養家禽，它的飼料、保健、營養，都是專業的知識。我們若不知道這些，做什麼也不能成功的。由於這些經濟上的利益，大家求知的慾望，都十分強烈。社會地位的平等，爲求知識解除了外來的任何限制，知識的推廣，眞是幾千年以來，都沒有像近百年這樣有輝煌的成就。圖書館是知識傳佈的使者，在服務對象上，年齡、性別、職業、知識程度等，沒有任何的限制存在，只要願意求知的人，都同樣受到歡迎。圖書館的存在價值，也因此而大爲提高。不過，圖書館卻面臨很大的挑戰，不追求現代化，是沒有辦法適應的。知識發展的結果造成今日所謂「爆炸」的局面，資料也隨著數量的增加，媒體的改變，把圖書館搞得手足無措，應付不暇。另一方面，讀者的需求，也和過去不同了。他們不再是單純地爲了看看期刊，找一本自己喜歡讀的書而來的。他們爲了解決一個問題，蒐集有關資料，會對館員們提出各式各樣的問題，他們爲了爭取較高時效，把握有利機會，會對圖書館服務覺得不夠便捷；他們爲了瞭解全部狀況，好作正確判斷，會對圖書館的館藏表示不夠健全。總之，圖書館的業務由於工作的環境改變得太多，自己不能不求新求進了。這裏所說的求新，不是爲趕時髦，不是在翻花樣。而是爲滿足讀者的需要，或者主動的改善，希望提供更好的服務。至於求進，更是要求在實質上有功效，不只是方式或者技術上有改變，而是要改變後有績效的增加，使服務工作進行得更圓滿。圖書館員在自己的業務上，精益求精，永不滿足，始終懷著臨淵履冰的勤敬態度，希望能夠更上層樓，進步更進步；這種精神與態度，一旦在圖書館行政裏建立了起來，那眞是一股永遠用不完的力量的泉源，任憑遭遇到何種的挑戰，都一定可以應付裕如的，而且越來越顯得圖書館能在這個社會裏扮演重要的角色。企業化的精神，可以使得圖書館行政保持長久的生命活力，不斷地更新，不斷地進步，把業務的推展，越能夠接近理想的境界。

以上所述的五項基本原則，在圖書館行政裏，應該屬於基本的骨架，不依循這些原則，恐怕是沒有機會發揮行政的功用的。當然，原則只是原則，要靠巧妙而適當的運用，才是原則的價值所在。圖書館行政，在圖書館學裏，是一種統合的學科，把圖書館裏的各單位、各組織，每一份人力，每一份財力，每一份物力，都在行政的運用之中，化爲一支支的細流，再滙聚成爲巨大的力量，藉以圓滿達成圖書館的任務。這些原則的活用，便是幫助圖書館行政昇華而產生最好的功能，是催化劑，不是行政的本身；是潤滑劑，減少行政中的阻礙，增加運轉的順利。圖書館行政，要講這些原則的道理，是十分明顯的。

本章參考資料：

一、藍乾章編著圖書館經營法
二、張金鑑著行政學典範
三、拙著中學圖書館的理論與實務
四、James A. Halbert: An Introduction to Library Science.
五、Lowe: Public Library Administration.

乙、分論

叁、法令規章

在當今的社會裏，要想把一所圖書館經營得十分理想，必須要具備不少的先決條件，而在諸多的條件之中，最重要而又絕不可缺少的，便是法令規章。今日世界的最大特點，就是大家都走向法治的社會。那怕是共產極權的國家裏，也都有著一部有名無實的法典。民主法治的社會，更是建立在法律的基礎上，足見法令規章，乃是一切作爲的依據。沒有合理的法令規章，任何事業的發展，都不會有正常發展的機會，縱使能出現一些驚人的成就，那也必然是一時的而不能持久。翻開我國的圖書館史，便可以得到很多的明證，我們今日的圖書館發展得不理想，也是由於法令規章的不健全，而造成目前這種停滯不前的現象。我國是世界上極少數文明古國之一，很早便發明了文字，典籍產生得也早，我們又是重視傳統的一個民族，所以我們的祖先對於書籍的保存十分重視，在遠古時代裏，典藏各種資料的記載，於今仍斑斑可考。後來，歷代君主中愛好藝文的，也多不勝數。在他們的重視之下，各朝宮廷裏蒐藏的圖書，留下了很多輝煌的紀錄，就連存藏圖書的館閣建築，比之今日的圖書館，非但毫不遜色，恐怕還猶有過之。再後，民間的私人藏書，更是累世風行，及至晚清，盛極一時，對於我國古籍的流傳與保存，都有十分重要的貢獻。但是，這些公私藏書，多爲過眼雲煙，曇花一現，非毁卽散，說來眞是令人扼腕。試想：我國自古以來的這些書籍收藏，如果都能夠得到適當的照顧與保護，直到現在，眞不知道該是何等豐富的館藏！再說，當初發展得極爲順利的時候，誰也沒有預料到這些收藏將會遭遇到毁散的結局；此無他，沒有法令規章作爲發展的依據；全憑少數人的喜愛，是無法長久維持的。再以近三十年政府遷臺以後的圖書館發展來說，更是最好的例證，沒有健全的法令規章，是絕不能促進圖書館事業良好發展的。回想臺灣光復之初，大陸局勢逆轉，國步艱危，情勢不定，自然說不上謀求圖書館的發展。但稍後卽趨於安定，國立中央圖書館在四十三年復館，爲臺灣圖書館事業開創了新的機運。大家都開始重新致力於圖書館的發展，從資料的蒐集，人員的訓練，到館舍的修建，都曾作過相當的努力。事實告訴我們，成果並不算太理想。檢討起來原因很多，歸納來說，不外人員與經費兩者，可是限於國家經濟能力，也是莫可奈何的事。然而，等到近十五年來，經濟起飛，國力富足，人員訓練，由於五所圖書館學校的設立，更是不虞匱乏。但是我們回顧一下，與前十五年的狀況並無太多的差異。我們似乎不能再以人員與經費作爲藉口了，那麼原因何在呢？答案只有一個：缺少健全的法令規章。

我們知道：在法治的社會裏，任何事業的發展，都需要足夠的法令規章來管理和支援。舉例來說：臺灣光復之後，國家遭遇浩刼，共匪竊據大陸，日本統治五十年後的臺灣，更是殘破不堪，百廢待興。那時候，政府雖然重視教育事業，可是限於財力，眞是心有餘而力不足。民間人士很多起來興辦學校，爲國家培育人才。所以，私人興學，成爲一時風尚，大家也認爲是一種善舉。可是，曾幾何時，私立學校成爲社會上的一大問題，弊端叢生，無法防範。不得已，政府制定私立學校法，但積重難返，私立學校法已頒行有年，而私立學校的發展，至今仍舊無法完全納入正軌。近年來，其他行業所遭遇到的同樣情形相當不少，圖書館自然不能例外。圖書館的一切作爲，比如經費的爭取，人員的任用，沒有法令的保護，尋求正當的支援，圖書館非但動彈不得，而且會被外界力量浸蝕得名存實亡。再說，政府督導管理圖書館，沒有法令規章的依據，也是難以產生實效的。所以，我們認爲：查閱某種法令規章是否健全，是瞭解這類事業的運轉正常與否的最可靠的辦法。如果用這個標準來衡量圖書館事業，我們需要努力的就太多了。

此地，我們認定圖書館的發展，關係到法令規章，還必須進一步澄清幾個觀念，因爲我們雖都是法治社會的現代國民，可是一般人對於法律，卻有著亟待袪除的誤解。大家直覺地都認爲：法令規章是用來管理約束我們的。例如：交通規則裏告訴我們紅燈不能穿越馬路；所得稅法告訴我們匿報所得要受罰；圖書館閱覽規則也規定圖書出借要按期歸還等等，法令規章不都是在管束別人嗎？其實，這只是法令規章的作用的消極部份，法令規章之可貴，便是在它還有積極的作用，不是管理約束，而是保護支援。我們憑著法令規章的內容，可以要求正常發展的權利，合法地保護自己，不容受到侵害。有了圖書館法，圖書館固然要遵守，照著規定發揮功能，達成任務。圖書館更可以依據圖書館法爭取合法的權益，尋求正常的發展，讓功能充份發揮，任務圓滿達成。正好像交通規則裏告訴我們綠燈可以前進；所得稅法告訴我們可以享受免稅的優待；圖書館閱覽規則也規定合法的借書權利誰也不能剝奪等等。因此，圖書館員對於圖書館法，應該是懷著企盼的心情等待著，因爲只有健全而合理的圖書館法，才是引導和協助我們把圖書館經營得理想的不二法門。共同努力制訂一套良好的圖書館法，更是誘導圖書館事業良好發展的基本動力。本章將再就圖書館的法令和規章分別加以論述。

一、法令

圖書館的經營，關係到圖書館法令的如此之深，既已如上所述。那麼，說得具體一些，究竟圖書館法令，能對圖書館產生那些作用呢？換句話說，圖書館法令如何能對全國的圖書館，盡到管理、督導、保護和支援的責任呢？說來也許令人驚異，因爲關係實在太密切了！

圖書館法令的基本作用，約略說來，至少有下列五端，現在分條簡述如左：

1. 成立的依據
2. 任務的賦予
3. 組織的完成
4. 經費的來源

5. 考成的實施

1. **成立的依據**：圖書館經營的起點，一定是從無中生有。從一所圖書館都沒有，慢慢建立了一所所的圖書館。那麼，這些圖書館如何能逐漸成立的呢？在法治社會裏，當然必須尋求法令上的依據，也惟有在法令上有了依據，然後才能名正言順地堂堂正正地成長發展起來。所以，我們研究圖書館法令，對圖書館經營所產生的作用，也必須從「成立」開始談起。我們先舉幾條有關的法令條文，作爲研討的參考。

清宣統元年十二月學部奏訂之圖書館通行章程第二條：「京師及各省省治，應先設圖書館一所；各府廳州縣治，應各依籌備年限以次設立。」

同章程第三條：「京師所設圖書館，定名爲京師圖書館。各省治所設，名曰某省圖書館。各府廳州縣治所設者，曰某府廳州縣圖書館。」

不僅如此，在這一章程裏，第十七條還規定了「私家藏書繁富」的，可以自行設立圖書館，但必須「呈由地方官報明學部立案」。

民國以後，教育部公佈的各種圖書館法令，雖然迭有修訂，但對於圖書館的成立，都有明文規定，而且都十分確定。有關變更、停辦等備案核准手續，亦訂有明文。

民國四年十月廿三日教育部公佈之圖書館規程第一條：「各省各特別區域應設圖書館……各縣得視地方情形設置之。」第二條：「公私立學校、公共團體或私人，依本規程所規定，得設立圖書館。」

民國五十八年十一月十七日教育部修正公佈之各省市公立圖書館規程第二條：「各省市（直轄市）至少應設省、市立圖書館一所，各縣市應設縣、市立圖書館，各鄉、鎮、市應於鄉、鎮、市社會教育館內設置圖書室，其人口衆多經費充裕之鄉、鎮、市得單獨設置鄉、鎮、市立圖書館。」各省市、縣市應設立圖書館，已不待言。連所謂「人口衆多、經費充裕」之鄉、鎮、市亦應單獨設立圖書館都有明確規定。以目前臺灣的情況而論，人口密度高居世界高位，經濟蓬勃發展，可以單獨設立圖書館的條件，絕對沒有問題。

臺灣省政府對於省縣立圖書館的成立，都有詳細的法令規定。再如各級學校的有關法令中，也都有設置圖書館（室）的條文。綜觀以上法令，我們知道：圖書館的設立，都已經有了足够的法令依據，憑著這些依據，只要大家依法行事，各種圖書館的成立，便都是順理成章的了。不但如此，我們還可以據「法」力爭，要求設立法令中所許可創置的各型圖書館了。圖書館的經營，這便是最重要的一個起始，發芽成長，開花結果，都是出自這一個良好的開端。所以，發展圖書館事業，要從制訂健全的圖書館法令着手，把圖書館法令視爲圖書館事業的基礎，應不爲過。以當前的情況而論，我們有了這些成立圖書館的法令依據，本已可說是一件值得欣慰的事，可惜這些法令的功用未能充份發揮，未始不是一大缺憾。

2. **任務的賦予**：圖書館的成立，需要相關的法令作爲依據，已如上述。但是，國家頒訂法令，成立圖書館，亦必有其「用意」在。到底這些圖書館成立以後，要扮演甚麼樣的角色？它們在當今的社會裏，能作什麼樣的貢獻？它們在國家建設之中，又該作甚麼樣的努力？比如現在政府正加強文化建設，各縣市均普遍設立文化中心，而文化中心以圖書館爲主，這文化中心的圖書館，如何發揮其功能，參與文化建設？總括以上所說，我們便自然地想到，在法令許可之下成立的圖書館，國家自必對它有所期許，也就是政府成立圖書館的「用意」。這些，對於圖書館而言，便是「任務」。所以，圖書館法令之中。在規定創辦各級圖書館以後，便緊接著賦予圖書館的任務。甚至有些法令之中，還首先敍明圖書館的任務，才再規定圖書館的創立。足見在考慮設立圖書館的時候，已是基於某一種任務上的需要，才進而討論開辦圖書館的。同時，圖書館員更必須瞭解，大家從事圖書館工作，目的就是在達成圖書館的任務。圖書館的任務，是圖圖館經營的方向指針，圖書館所有一切的活動，都是以任務爲依歸的。莫說政府推展圖書館事業，本就有其目標存在，以我們圖書館員來說，如果沒有任務，還有何經營可言？圖書館學，更不成其爲一門學問了。我們研究圖書館行政，不更成爲無的放矢了嗎？因此，圖書館的任務，是圖書館成立的催生劑，更是圖書館存在價値的詮釋。圖書館法令裏，便自然地有了賦予任務的作用了。

清宣統元年十二月學部奏訂之圖書館通行章程第一條：「圖書館之設，所以保存國粹，造就通才，以備碩學專家研究學藝，學生士人檢閱考證之用，以廣徵博採，供人瀏覽爲宗旨。」

民國廿八年七月廿二日教育部公佈之修正圖書館規程第一條：「圖書館應遵照中華民國教育宗旨及其實施方針與社會教育目標，儲集各種圖書與地方文獻，供衆閱覽，並得舉辦各種社會教育事業，以提高文化水準。」

民國廿八年七月廿四日教育部公佈之圖書館工作大綱第二章第三條：「圖書館之施教目標，在養成健全公民，提高文化水準，改善人民生活，促進社會發展。」

民國六十九年十月十七日修正之社會教育法第一條：「社會教育法依憲法第一五八條及第一六三條之規定，以實施全民教育及終身教育爲宗旨。」

同法第二條更列舉社會教育任務十五款。

同法第五條：「各級政府視其財力與社會需要，得設立或依權責核准設立左列各社會教育機構：

1.圖書館或圖書室……」

從上面引述的法令條文中，我們不但可以清晰地看出法令所賦予圖書館的任務，而且能夠發現任務十分重大，也頗明確。更重要的，是隨著時代轉變，任務也有所更易，這實在是我們研究圖書館史的一根重要命脈。從「保存國粹，造就通才」，「研究學藝」，「檢閱考證」，「供人瀏覽」，到「養成健全公民，提高文化水準，改善人民生活，促進社會發展」，眞是洋洋大觀，不一而足，小至國民個人，大至國家社會，都包括在圖書館的工作任務之中。保存民族文化，協助學術研究，眞是何等莊重嚴肅的工作！供人瀏覽，健全身心，消閑閱讀，陶冶性情，更是何等令人敬佩的工作！無論如何，圖書館任務之艱巨，都由此可見。而圖書館的經營，正是以此等任務爲工作的目標，一切的活動，一切的措施，一切的人力、財力和物力，都對準了任務而運轉。所以，賦予圖書館任務的法令，何啻圖書館運轉的指南針，簡直就是圖書館精神之所繫。而賦予任務的法令健全合理與否，直接影響到圖書館的發展，更是不言可喻的。至於圖書館的任務，如何能在法令中明確地指認出來，更是我們制定圖書館法令的時候，所必須審愼研究斟酌的了。不過，圖書館法令和任務之間的關係，已是十分明白了。

3. **組織的完成**：今日的圖書館，已是一個十分複雜的組合體。它面對的任務複雜，它收藏的資料複雜，它服務的項目複雜，它工作的程序複雜，它需要的技術複雜……。這種種複雜的狀況，使得圖書館想要發揮功能，完成任務，都非借重很多的專家，尖端的知識和嚴密的組織不可，再也不是憑著少數人的聰明才智，所可能成功的。但，如果要運用衆人的智慧，就必須要講求組織。這裏所說的組織，是廣義的，不是單指行政架構的組織，而是除了行政單位的組合以外，還包括了人員的編制，業務的分工，行政的配合等等，都必得保持在良好的狀況之下，才能促使圖書館的業務順利成功。正由於這個原因，圖書館法令裏，也對各類圖書館的組織，加以詳細的規定。舉例來說，民國五十八年十一月十七日教育部修正公佈的各省市公共圖書館規程，全文共計二十條，內中有九條（第四條至第十二條）是關於完成組織的，幾達全部規程條文之半。再細閱這些條文的內容，更覺得法令之中，惟有對於組織方面規定得最詳細。換句話說，這也自然表示出組織的建立，是圖書館正常工作，發揮功能，達成任務的先決條件。現在列舉幾條重要的規定，作為說明的依據。

第四條　圖書館設置左列各組：

1.採編組。2.典藏組。3.閱覽組。4.推廣組。5.總務組。

第五條　圖書館設館長一人，綜理館務；省、市立者館長薦任或簡任，縣、市立者委任或薦任，鄉、鎭、市立者委任；分別由各級主管教育行政機關遴選合於本規程第八條資格之人員，報請各級主管機關依法任用之，並呈報上級主管教育行政機關備案。

第六條　圖書館各組設組長一人，幹事、助理幹事及雇員各若干人，其員額由主管教育行政機關視各館業務之繁簡規定之，由館長遴選合於本規程第八條資格之人員依法任用之，並呈報主管教育行政機關備案。

省、市立圖書館得設置研究員、副研究員，縣、市立圖書館得設置編輯各若干人。

第七條　省市、縣市立圖書館各設會計員一人，委任，依法辦理歲計、會計、統計業務。人事管理員一人，委任，依法辦理人事業務，受各該館長之指揮，並分別受各該上級會計、人事機關之監督指揮。

第八條　圖書館職員資格如左：

1.省、市立圖書館館長須大學畢業，曾任教育工作或圖書館研究工作七年以上著有成績，在學術上確有貢獻，對圖書教育素有研究者。

2.省、市立圖書館研究員、副研究員須大學相關科系畢業，曾任教育工作或圖書館工作五年以上著有成績者。

3.縣、市立圖書館館長須大學畢業，曾任教育工作或圖書館工作五年以上著有成績者。

（下略）

綜觀上述法令的內容，也許會覺得法令的規定過份苛細了，不但包括了圖書館的行政組織，如何編組，如何分工，就連人員聘用、遴選資格，也都有仔細的規定。此無他，圖書館的組織，關係到圖書館的發展，實在太密切了，不容不詳盡限制。如果在組織上出現任何差池，引發很多問題，也是很難補救的。比如館長的任用，設若不能符合上列的資格，是無法勝任的。其實，從我們的觀點來說，以今日的情況來衡量，這些資格的要求，已是太寬了。假使再沒有這些限制，那就更不堪設想了。另外，民國三十六年四月一日教育部公佈之圖書館規程，對各圖書館的組織，還有更詳細的說明。

該規程第八條：「省市立圖書館設置左列各部：

1.總務部　文書、庶務及其他不屬於各部之事項屬之；

2.採編部　選購、徵集、交換、登記、分類、編目等屬之；

3.閱覽部　閱覽、參考、庋藏、互借等屬之；

4.特藏部　金石、輿圖、善本、地方文獻等屬之；

5.研究輔導部　調查、統計、研究實驗、觀察輔導、圖書館工作人員之進修與訓練及各項推廣事項等屬之。

各部的組織之下，條列分工的項目，雖不如工作大綱中列舉得那麼詳盡，但是已經够仔細了。這樣，好讓大家有所遵循，藉著組織的完成，掌握圖書館發展的方向，促進圖書館功能的發揮。這也可以證明，圖書館法令中包含的完成組織的作用，是最值得重視的了。

4.**經費的來源**：在行政事務中，有兩項最重要的因素，那便是人員與經費，上一節在討論法令中有關組織部份的時候，曾經及提人員問題，關於經費方面現在加以說明，當然這兩部份後面還有專列的篇章來加以研究討論。首先，我們將現有的圖書館法令之中，所有關於經費的條文，摘要抄錄一下，再附加說明。

清宣統元年十二月學部奏訂圖書館通行章程第十八條：「京師圖書館經費由學部核定籌撥，撙節開支。各省由提學使司核定籌撥，撙節開支。各府廳州縣由地方公款內撙節開支。」

民國四年十月廿三日教育部公佈之通俗圖書館規程第七條：「通俗圖書館不徵收閱覽費。」

民國四年十月廿三日教育部公佈之圖書館規程第八條：「公立圖書館之經費，應於會計年度開始之前，由主管公署列入預算具報於教育部。」

同規程第九條：「圖書館得酌收閱覽費。」

民國廿八年七月廿二日教育部公佈之修正圖書館規程第廿六條：「圖書館經費分配之標準，薪工不得高於百分之五十，事業費及圖書購置費不得低於百分之四十，辦公費佔百分之十。」

民國三十九年三月六日臺灣省政府教育廳公佈之臺灣省（縣）（市）立圖書館工作實施應行注意事項第八條：「各級圖書館事業費之運用，應照左列分配：1.購置圖書雜誌佔百分之七十；2.活動事業佔百分之三十。」

民國六十九年十月十七日修正之社會教育法第十一條：「各級政府應寬籌社會教育經費，並於各級教育經費預算內，專列社會教育經費科目。邊遠及貧瘠地區之社會教育機構經費，由上級政府補助之。」

民國五十八年十一月十七日教育部修正公佈之各省市公立圖書館規程第十四條：「圖書館應於每年度開始前，編製下年度事業進行計劃預算書，呈報主管教育行政機關查核備案，並轉呈上級教育行政機關備查。」

根據這些法令條文的內容，我們可以歸納成下列幾點簡單的結論：

㈠在圖書館法令裏，有了關於圖書館成立的依據，等於明定了經費的來源，公立圖書館的經費是來自於主管的教育行政機關，私立圖書館也有其董事會負責籌集經費。

㈡圖書館的經費，必須按照國家行政體系，納入預算制度之內。

㈢圖書館的經費，有不同的科目，彼此分配的標準，也有明確的規定。

㈣圖書館的經費，仔細說起來，在設置之初，必然需要一筆相當可觀的開辦費，這些都是專案呈請核撥的。其餘每年度的預算，則是按一般程序處理。

經費的問題，關係著各圖書館的發展。從行政的觀點來說，經費的多少，固然對業務有顯著的影響；經費的來源，則必須確定。因爲，講求行政，本就是希望以最少的財力，收獲最大的效果。數額的多少，有時要受客觀環境的影響；來源則不容發生問題，不然就無從說起了。好在圖書館的法令之中，都有明文規定，讓經費的來源，得到最安全的保障。我們研究圖書館法令，這是不可以忽略的一點。當然不應該過份奢求，不過要想讓圖書館能够有較好的發展，是應該有適當保障的，只有健全合理的法令，能發揮此一作用。

5.**考成的實施**：行政最終的目的，是在獲致最高的成效。是否眞的有成效？成效有否達到預期的目標？有了成效，是否能更好？不能，爲甚麼？這是行政的最後的一個步驟，也是最重要的一個步驟。所謂「行政三聯制」，計劃、執行和考核，週而復始，正是行政的高層次的表現。政府支付經費，遴派人員，希望達成圖書館的任務，但究竟結果如何，是一定要查核的，這也正是我們所說的「考成」。在圖書館法令裏，也有明白的規定，以爲主管教育行政機關對圖書館實施考成的依據。

民國四年十月廿三日教育部公佈之圖書館規程第七條：「圖書館員每屆年終應將辦理情形報告於主管公署，列入地方學事年報。」

民國十九年五月十日教育部公佈之圖書館規程第九條：「圖書館職員每年三月底，應將辦理情形報告於主管機關。」

同規程第十條：「省、市、縣立圖書館及私立圖書館之概況，每年六月底，由省教育廳或特別市教育局彙案轉報教育部一次。」

民國廿八年七月廿二日教育部公佈之修正圖書館規程第廿九條：「圖書館應備齊各種財產目錄，

閱覽紀錄表册，以備查核。」

民國廿八年七月廿四日教育部公佈之圖書館工作大綱第四章工作實施及考核第十一條：「各級圖書館須依照教育行政機關訂定之中心工作及其細目，訂定全年度事業進行計劃及工作月曆，呈報主管教育行政機關審核備案，並爲考核成績之參考。」

同大綱同章第十二條：「各省市教育行政機關應根據中心工作及其細目，參酌實際情形，訂定視察考核標準，考核各館之成績。」

同大綱同章第十五條：「各級圖書館應備齊施敎紀錄及統計，保存各種實證，以備考核。」

同大綱同章第十六條：「各省市教育行政機關應視各館工作之優劣，分別予以獎懲。」

民國三十五年十月三十一日臺灣省行政長官公署公佈之臺灣省各縣市立圖書館章程第十二條：「縣（市）立圖書館應按月將工作情形，塡具月報表，呈由該管縣（市）政府核轉長官公署查核，月報表格式另訂之。」

圖書館法令裏，有了實施考成的條款，而且指明由上級教育行政機關負責，執行起來，就方便多了。其實，圖書館的考成，還不僅限於靠財產目錄、閱覽紀錄和其他的表册，以供查核，便算完成的。同時，圖書館的考成，也不僅限於作爲評定成績優劣的依據而已，它還有更深一層的意義。因爲，圖書館所從事的，是國家教育工作的一部份，教育工作潛移默化，無法立竿見影的。圖書館的眞正工作成效，絕不是靠財產目錄、閱覽紀錄和其他的表册，所可以表現出來的。再說，政府主管機關，依據考成的結果，評定工作成績，甚至決定獎懲，這只是促進圖書館能有更好發展的手段而已。考成眞正的目的，是在發揮檢討的作用，而檢討過去，乃是爲了策勵未來。正如本文上面所說，從考成裏，來發現是否有效？成效有否達到預期的目標？有了成效，是否能更好？不能，爲甚麼？這爲甚麼，是考成最高層次的內涵。要根據尋找出來的原因，去安排和設計，作行政上的努力，希望將來能更好。所以，考成的實施，不是爲過去，而是爲將來。考成的結果，正是作下一次計劃的依據，評定成績，給予獎懲，只是達成上述目的的手段而已。現有的圖書館法令，雖已有了這一方面的規定，恐怕還嫌籠統，不够深入，而且沒有認眞執行，這是造成近一個世紀以來，我們近代圖書館運動，沒有落實，缺少進步的主要原因。徒然設置了各級圖書館，卻鮮有可貴的工作成效，實在是令人惋惜的。這是圖書館法令中，相當重要的部份，我們寄望將來有所改善。圖書館事業發展的新契機，也就建基在這一點上。

從圖書館的成立、任務、組織、經費、到考成，形成了圖書館發展的五大重要基石，而最終卻都落實在法令上，法令的重要性於此可見。我們目前現有的圖書館法令，坦白說來，實在是不健全的。當今日大家（包括政府和人民）都熱心於圖書館事業發展的時候，我們熱盼早日在圖書館法令上着眼，合理的法令如經完成，只要遵循執行，像建築鐵路，鋪設了軌道，火車沿著前進，到達目的地，就是意料中事了。

二、規　章

在討論了法令對圖書館發展的重要性以後，接著便談到規章的問題。規章是法令的延伸，規章是圖書館辦事的準則。圖書館法令，是政府對圖書館管理、監督、輔導、支援的原則，不容許作詳細的條文規定，照著這些基本原則，各級圖書館作爲工作的準繩，顯然是不够的，所以必須循著法令的方向，制定詳盡的細則，供作大家工作的依據。同時，現在的圖書館，工作繁重，人員衆多，每個人對於法令的認識與瞭解，未必完全相同，如果沒有共同的標準，必致發生相互間的差異、衝突、不協調。就組織的運用來說，從圖書館的發展着眼，這些是致命的傷痕。因此，在我們所見的圖書館法令之中，都有訂定規章的條文規定，作爲各館在這一方面作業的依據。

清宣統元年十二月學部奏訂之圖書館通行章程第十四條：「圖書館每年開館閉館時刻，收發書籍、接待人士各項細則，應由館隨時詳擬。京師圖書館呈請學部核定。各省暨各府廳州縣治圖書館，呈請提學使司核定。」

同章程第十九條：「圖書館辦事章程，如有未盡事宜，應隨時增訂，在京呈由學部核定施行，在外呈提學使司轉詳督撫核定施行。」

民國廿八年七月廿二日敎育部公佈之修正圖書館規程第廿八條：「圖書館之章程及辦事細則，由館長訂之，縣市立者應呈報縣市教育行政機關核准，並轉呈教育廳備案；省市立者應呈報省市教育行政機關核准，並轉報教育部備案。」

民國六十六年臺灣省政府公佈之臺灣省各縣（市）立圖書館組織規程第七條：「圖書館辦事細則由各圖書館擬訂，報請上一級機關核定之。」

民國五十八年十一月十七日教育部修正公佈之各省市公立圖書館規程第十八條：「圖書館辦事細則由館訂之，呈報主管教育行政機關備案。」

根據上述有關的法令，我們知道各級圖書館應分別擬訂詳細的規章，是理所當然。如果依照各館業務推展的需要來說，是更屬必要。關於圖書館的規章，按照所發生的作用來分，應可分爲兩大類：對內的和對外的。對內的規章，也就是一般所說的辦事細則，對外的規章，則是圖書館對讀者提供服務的章則。爲了研究討論方便起見，特分別加以說明。

1.**對內的規章**：圖書館的辦事細則，主要是針對圖書館內部組織分工而擬訂的。誠如上文所述，今日的圖書館，從資料的蒐集，館藏的整理，到提供給讀者使用，其間的工作程序，十分繁複；工作內容，也十分複雜。各組不但要分組辦事，就是在同一組之中，還要分股（也許採用的組織單位名稱不同）處理。分工的結果，固然使得館員們可以各有專責，不要互相牽扯、混雜不清。但是分工的劃割，則必須有明確的界限，才不致產生相互推諉，出現漏洞。這清楚的劃分，便是辦事細則的內容。同時，分工只是工作的分段辦理，把整體的工作，分由各人辦理，而各個階段之間，必須保持密切的聯繫。因爲，業務的本身，則是一貫相連的。所以，在辦事細則之中，一方面在劃分工作的階段；同時，另一方面卻是在加強保持工作的連貫。舉例來說：目前各館的辦法，在圖書分類編目的時候，都要在圖書封底內側黏貼一個書袋，裏面裝著一張書卡。這書袋和書卡，是在編目組的工作範圍之內的。可是，這兩件東西所發生的作用，卻是在圖書流通的時候才顯示出來的。很多圖書館，是當圖書出借的時候，把這張書卡抽出來，加記出借的記錄，加以整理，用書卡代表已出借的資料，排列起來，以便查核。擔任圖書編目的人員，如果不瞭解這原來屬於流通部門的工作需要，則書卡著錄些甚麼資料，才能滿足業務上的要求，便茫然無所知了。諸如此類，在圖書館業務的分工上，需要彼此聯繫的，實在是太多了。因此，我們在擬訂這一類規章的時候，就必須要有兩點基本的考慮，一個是熟悉各部門工作的內涵，知道如何劃分業務的範圍，才是合理的安排。另一個是深切理解整體業務的概念，知道如何協調各組的聯繫，才能產生良好的效果。一個整體的工作，在分成各個工作單位的時候，由於工作之間存在著聯帶性和相關性。所謂聯帶性，那便是工作從起始到終結，其間各過程，必有程序上的先後，前一個步驟沒有完成，或者處理得未見週全，後一個階段則不便進行，甚至根本無法辦理，這一種情況，需要密切注意。將有聯帶性的工作，順次分工，才是最合理的安排。比如圖書資料的選擇與採購，其間便有相當繁複的手續與過程，而且先後的次序十分明顯。圖書資料的選擇，首先便需瞭解出版狀況，而出版狀況的瞭解，自然便要從收集出版資料入手。從出版資料之中，掌握目前各出版社書店新印了些甚麼書，根據這個才能選擇本館所需要的，再考慮自己的經費，決定採購那些，這樣的處理程序，是一段一段彼此銜接的，相互影響的，就像鐵鍊子一樣，一環扣住一環，任何缺裂損毀，都足以破壞全局的。分工的時候，擬訂細則，都必須加以注意。至於相關性，看起來雖不如聯帶性那麼直接有關係，其實仍是相當重要的。而且，在行政上，有時候正是由於看起來不重要，乃至於疏忽，而鑄下了致命的傷痕，眞的好可惜！從組織的觀念來說，整體內的任何一個單位之間，都有其相關性，都必須保持適當的聯繫，良好的合作。但，在此我們不願意說得這樣泛泛的，怕引不起大家的注意。根據工作的需要，和自己的工作有關係的，自然有程度上的差異，緊鄰的工作單位，比較容易覺察，關係也比較容易弄清楚，進一步可以處理得順利。在組織體系上比較疏遠，但關係卻甚爲密切的，就值得特別提出來討論了。像上面所討論的圖書選擇與採購，在業務處理上，就不僅限於採訪部門的工作了。圖書的選擇，與其他部門的工作有關，固不待言。圖書的採購，與經費和財物處理有關，卻爲一般圖書館採訪人員所忽略，尤其是受過圖書館學專業訓練的人，自認爲是專業人員，是圖書館工作的主幹，對於非專業人員的事務單位，常不以爲意。所以有時引起問題。從圖書選擇的立場，我們希望能夠把某些書入藏，使館藏的發展，均衡而健全。可是，未見得就能如願以償。因爲，圖書館蒐集圖書，固以發展正常的館藏爲目標；但是經費也是決定購置那些圖書資料的重要因素。雖然是值得購買的圖書資料，由於經費不足，照樣不能入藏。所以，我們在討論研究圖書館行政的時候，認爲有值得提出來進一步說明的必要，並且強調分工之間的相關性。圖書選擇採購的部門，必須和會計財務單位保持密切聯繫，是很明顯的。瞭解經費的狀況，預作合理的分配，以求精緻的運用，才能發揮最大的效果。圖書館內部工作的分工，需要作如此考慮的地方甚多。我們擬訂對內規章的時候，對此應加注意，是不容爭辯的。

2.**對外的規章**：圖書館的對外規章，在整個圖書館工作的運轉之中，有極爲重要的作用。一般的觀念，都認爲這些規章是爲管理圖書館，約束讀者而訂定的。固然，圖書館的管理工作，尤其是對讀者提供服務，都是依循著這些規章而進行的。約束讀者，也是圖書館訂定這類規章的主要目的。例如：讀者應遵守借書的規定，先申請借書證，再按照規定辦理出借，還要按期歸還，不可損壞圖書，要保持清潔等等。再如：讀者在閱覽室內要安靜，不可高聲談笑，不可進用食物等等。圖書館常藉著這些規章，約束讀者，使讀者服務工作順利進行。讀者有時也對這些規章有反感，因爲「限制」往往使讀者不方便與不滿意，總認爲圖書館靠這些規章來限制讀者，甚至覺得不合理的規章，是圖書館沒有辦法達成任務的主要原因。由於上述的兩種觀念，使得圖書館的對外規章，很少在我們從事的近代圖書館運動中顯示出應有的作用來。檢討起來，是令人相當惋惜的事。圖書館成立之初，開始考慮到對外規章的時候，大都向一些已具規模的圖書館抄錄來，再參酌本館的特殊情形予以修訂。因爲，在大家的心目中，圖書館的這類規章，主要的便是在維持館內的秩序，確保圖書資料的安全而已，並無多大值得研究之處。所以，我們如果收集各館的規章，再加以分析，會發現彼此之間，根本沒有多大差異，眞是所謂「如出一轍」。其實，圖書館的對外規章，對圖書館任務的達成，功能的發揮，所產生的影響至巨。甚至可以說，目前各圖書館之所以未受大家的重視，與此有相當密切的關係。我們如果稍作說明，便可以證明，此中並沒有作絲毫的誇張。

我們認爲：圖書館對外的規章，有兩點基本的涵義，**一是圖書館服務讀者的準則，一是圖書館對讀者所可享受權利的宣示。**

關於前者，大家很容易易白。圖書館的成立，本有其任務，而各種任務的達成，即是靠透過對讀者提供各種服務而完成的。圖書館的服務工作，是圖書館整體工作開花結果的階段。多年以來，圖書館即以加強讀者服務爲第一優先工作目標，原因也就在此。圖書館計劃了許多的服務項目，設計了不同的服務方式，就是爲讀者架設了橋樑，經由這段「交通」的過程，讓讀者能充分利用圖書館。而圖書館呢，就根據這些構想，擬訂成爲規章，作爲提供服務工作的準則。當然，其中爲了維持讀者利用圖書館的公平原則，確保每一讀者的權利，對保管資料的安全保證，在規章中有了很多規定和限制，事實也眞的有如此需要，但這也造成了圖書館和讀者雙方面對規章的誤解。把規章的功能層次降低了一級，圖書館只用來管理約束讀者，讀者覺得規章只是圖書館的護身符。其實，這些規章既是爲服務讀者而擬訂的，那麼我們在服務讀者的時候，應當把它視爲工作的最高準則。規章裏面，所揭示的服務項目，所公佈的服務方式，只是我們服務讀者的架構，要靠工作的本身，來充實其內容。使規章的內涵，充實而豐富，眞正發揮服務工作的極致。以參考工作爲例，圖書館在卅年前便認定是服務讀者的重要項目，有參考資料的提供，有參考問題的備詢，讓讀者來利用。可是我們回顧參考業務的拓展，卻有不能令人滿意之處，也是毋庸諱言的。無可否認，讀者對參考服務的未善加利用，固然是由於讀者沒有多大的需要，或者缺乏正確的瞭解；不過，圖書館員未曾認眞地去發揮，仍是參考工作僵化未見發展的主要原因。今日社會，各行各業，蓬勃發展，競爭激烈，爲守成，爲創新，都有參考各種資料的需要，都對出奇制勝有熱切的期盼，能不能掌握住足够的資料，常是重要的關鍵。參考工作人員果能瞭解此中狀況，加以運用，參考工作將有驚人發展，應是意料之中的事。這些當然不是規章裏明訂的內容，不過都包括在參考工作的目標之中，是沒有問題的。循著規章內容的方向，可以尋求更充實的工作成就，正是規章的眞正可貴之處。如果只把規章視爲管理的依據，那就是甚麼都說不上了。

至於後者，更是我們研究圖書館行政的人，所希望加以強調的。在過去的圖書館裏，比較單純地重視提供服務，甚至有的圖書館員，更把服務當成對讀者的一種恩惠。從另一種觀點來說，這樣觀念是值得商榷的。基本上，讀者利用圖書館，應是一種權利。如果將給讀者的服務，視爲所施予的恩惠的話，可能產生兩種可怕的狀況。一是圖書館員不重視自己的責任，既是恩惠，則給與不給之間，變成全憑圖書館的意願了，他們的工作態度也會隨著改變了。另一是如果眞的算爲恩惠，會使讀者對圖書館產生心理上的不安，接受恩惠，終將加深一層負擔。這是十分不妥當的觀念，會造成讀者與圖書館之間的隔閡，妨害到圖書館的正常發展。其實，從任何一個角度來硏判，讀者利用圖書館，都應該說是一種權利。姑且撇開教育的立場，圖書館的經費，來自於政府，而政府的財源，是人民的稅捐，用人民的力量，與辦了圖書館，讀者利用它，自然是一種權利，圖書館本來就是爲讀者而設置的。假如承認了這一說法，圖書館員便需要瞭解，他們和讀者的關係，完全改變了。他們服務讀者，非但不是一種恩惠，而是一份責任。如果不能把圖書館的工作做好，有虧職守，更未盡到責任。這和上面所談的服務工作態度，根本不是一回事。反過來說，利用圖書館，既是讀者的權利，權利不容侵犯，權利需要保障。這便是圖書館對外的規章的另一種作用，另一方面的涵義了。讀者在圖書館裏，到底可以享受那些權利？如何才能享受這些權利？享受這些權利要遵守那些規定？都是規章的內容，規章不僅宣示了讀者的權利，也明白地加以保障。比如，在閱覽規則裏，公告了每一個閱覽室的開放時間，告訴了讀者在甚麼時間裏可以來館閱覽。但同時，也是一種保障，在這一時間裏，讀者一定，也必須能享受閱覽的權利。沒有合法而正當的原因，是不許可延遲開放，或者提前閉館的。眞的遇到如此情況，讀者可以憑著閱覽規則要求改正。這就是對讀者權利的保障。再舉一個例說：圖書館借閱圖書，每一讀者同一時間內可以借閱的，都有册數的限制，讀者不可以超越限制，如果限額未滿，圖書館也不能拒絕他再借，讀者要求再借的理由，便是圖書館自已擬訂公佈的規章。規章在這一方面所表現的功用，已是十分明顯了。讀者如果瞭解了這一點，會不再討厭規章，而變成珍惜規章。圖書館呢，也應該更加體會出規章對服務讀者而言，是何等的値得重視。

圖書館的規章，具有高度的重要性，已概略如上所述。在擬訂規章的時候，也有若干値得注意之處，提出來作一研究。圖書館的規章，既具備了對圖書館與讀者雙方面的作用，自然同時受到重視。可是，圖書館員和讀者之間的利益，有時會有衝突存在。圖書館許可讀者享受的權利越多，館員們所需要盡到的責任，也必然成正比例增加。以公共圖書館而論，讀者申請領取借書證的時候，要求限制愈多，資料保管得愈安全。圖書館的開放時間也是一樣。開放時間越長，圖書館員奉獻的時間也越多，但讀者利用圖書館越方便。反之，亦然。因此之故，讀者和圖書館員之間，看起來利益是牴觸的。可是，規章卻是出之於館員們之手。他們在擬訂規章的時候，會不會不自覺地偏袒了自己，這是在圖書館行政上，很值得研究的一個問題。果眞是這樣，圖書館員罔顧讀者的權利，而偏袒了自己，那該是多糟糕的事。圖書館的功能不能發揮，任務無法達成，最嚴重的是讀者的正當權利受到剝奪，當然更說不上發展圖書館事業了。所以，在擬訂這些規章的時候，把讀者的權利，和館員們的利益，如何保持平衡的安排，是應該加以深思熟慮的。當然，今日的圖書館，所面對的讀者，各行業、各階層、士農工商、男女老幼，他們的需要，希望圖書館所提供的服務，是各式各樣的，任憑圖書館如何安排，也無法滿足所有人的需要的。圖書館如果要圓滿達成這一目標，只有設法加多服務項目，改善服務方式，讓讀者交互利用，充份享受自己的權利。這樣的話，圖書館員也不必爲了讀者的權利，作過份的利益上的犧牲。那樣也是不值得，沒有相對的代價的。兩者保持平衡，才是最佳的途徑。我們覺得，在擬訂規章的時候，應作對等的考慮。在不妨害讀者正當的權利之下，圖書館員們要盡最大的努力，來獲致最佳的效果。這樣，圖書館員們本著職業上的良心，履行該盡的責任與義務，維護讀者應享的權利。兩全其美，相得益彰。圖書館事業也只有在如此平穩的步伐下，才能逐漸進入佳境。

法令和規章，是圖書館行政的兩大基石，一切的發展與運轉，都是由此抽芽生長，開花結果。不過，無論是法令，或者是規章，僅限於原則的提供，還要靠圖書館員們深切的體認，瞭解其內涵，靈活運用，適當採行，而後法令規章的作用，庶可充份發揮。另一方面，法令規章，切忌僵化。僵化的結果，不但作用無以發揮，反而會使圖書館的工作，增加了束縛，碍手碍腳，不能施展，眞是毫厘千里，不可不愼。我們研究圖書館的法令規章，也必須有較高的警覺。

本章參考資料：

一、清宣統元年十二月學部奏訂圖書館通行章程
二、民國四年十月廿三日教育部公佈圖書館規程
三、民國十六年十二月廿日大學院公佈圖書館條例
四、民國十九年五月十日教育部公佈圖書館規程
五、民國廿八年七月廿二日教育部公佈修正圖書館規程
六、民國卅三年三月十日教育部公佈圖書館工作實施辦法
七、民國卅五年十月卅一日臺灣省行政長官公署公佈臺灣省各縣市立圖書館章程
八、民國卅六年四月一日教育部公佈圖書館規程
九、民國五十八年十一月十七日教育部修正公佈各省市公共圖書館規程

肆、組織編制

一、組 織

在上一章法令規章裏，可以發現一個事實，那便是在法令中有相當份量的條文，是規定關於組織一方面的，可見組織在圖書館行政中的重要性。上文也曾經提到過，此所謂的組織，是廣義的，不是單指行政架構的組織，而是除了行政單位的組合以外，還包括了人員的編制，業務上的分工，行政的配合等等。基本上，我們必須承認一點，以現在的圖書館而論，在任務上，是多元的；在業務上，是多重的；在執行上，是多向的。複雜的工作，衆多的人力，都必須藉重組織來形成正常運轉的軌道。彼此協調，互相配合，才能發揮組織的功能，而達到行政的效果。現在，組織的觀念，被應用得很廣，反而使得組織的觀念模糊，大家只注意到組織的外形，而忽略了組織的內涵。比如，一談到圖書館的組織，便自然地想到圖書館分成幾個組，各有甚麼特定的職掌；每組之下，又各分幾個股，也各有業務的範圍。殊不知組織的外形，僅爲組織的架構，當架構建立以後，還需對組織的內涵，進一步加以體認，加以充實，組織才有生命，組織才有活力，組織才有價值。張金鑑先生行政學典範書中曾說過這麼一段：

「組織一詞，應用甚廣，定義亦各有不同，然在許多定義中可尋出其共同之處，這卽指一個組織的構成各部份與其全體間存在着一致而有效的關係或配合。這組織的全體，具有特殊的通性或功能，同時各個構成部份亦具有特殊個性或功能。但部份的個性或功能，離開全體絕不能存在。比如人體的眼睛，祇有在全體關係之下，才可以表現它是眼睛，能發生看視的作用。假使把牠挖出來，便是血肉一團，不成其爲眼睛了。至於全體的功能與個性，亦有賴於各部份者才能作完全的表現與存在。」

這一段話，提示了不少關於組織的內涵，甚至可以糾正了不少關於組織的不健全的觀念。組織裏的每一個編組，不能單自成立爲一個獨立的體系，要上下連貫，要左右聯繫，相輔相成，才能發揮整體的功能。同時，我們還想從組織的形成，詳細地說明一下，然後在建立組織，運用組織的時候，才能更深一層地有所體認。因爲，現在大家討論到圖書館的組織，幾乎可以說是彼此抄襲，互相模倣，別的圖書館分成幾個組，我們也跟着仿效，使得我們的圖書館，在組織上如出一轍，而沒有甚麼差別。本來，圖書館的任務相同，功能相同，組織相同，也沒有任何不當可言。但是，事實上各館的狀況，並不見得完全一致，例如大學圖書館和公共圖書館，彼此在工作處理就容許有不同的地方，爲了更方便達成任務，組織上有若干個別的適應，也是值得考慮的。那麼，到底該如何安排，才能算得上是合理的組織呢？這就是我們要追究形成組織的因素，把組織從根剖析一番的原因。

根據 Wheeler and Goldhor: Practical Administration of Public Libraries 一書的記述，組織是一種組合的設計，職位的組合，而目的則在完成圖書館計劃中的任務。所以，組織的形成，有下列幾個階段：

1. 確定完成任務所需要的活動與職位；

2. 根據工作性質加以合理的組合；

3. 劃定各單位的職權範圍；

4. 規定各單位之間的聯繫、監督、支援，以及各種人員應盡的本份。

關於確定完成任務所需要的活動與職位一點，是形成組織的先決條件，是考慮組織的第一優先因素。我們研究圖書館行政，很重視對任務的確認，也是基於這一個理由。確定了任務，圖書館才知道要做甚麼，才想到怎樣做可以完成；要透過一些甚麼樣的活動，方是達成任務的正確途徑；而推展這些活動，又需要一些甚麼職位，應該安排何種人才來擔當如此的職位，如此一步步引伸下去，便是建立組織的第一步。就以圖書館爲例來說，服務讀者是其主要任務之一。圖書館服務讀者，必須利用資料，資料要蒐集、要整理、要運用。所以圖書館爲達成服務讀者的任務，一定要從事於資料的蒐集、整理和運用的各種活動，而擔任這些活動自然要藉重很多不同的職位，由具有專業知識及技術的人員負責。再進一步，蒐集、整理和運用這三大階的裏面，又各包含有不少的活動，也各要有適當的職位。這樣，整個的圖書館裏，就有了很多爲了達成任務所需要的職位，像是一部機器的零件一樣，缺少一個也不成，這是建立組織的起步。不過，有了整套的零件，卻不能當着已是一部機器。圖書館裏，聘請了擔任各種不同職位的人員，也不能立刻成其爲一所圖書館，因爲這些人力，一天沒有納入組合的系統，都不能視之爲組織。因此，建立組織的下一步驟，便是把工作性質相近的職位，加以合理的組合。這一步驟中有兩點值得特別注意。一是說工作性質相近的職位，加以組合。在衆多的職位之中，要想找出一條系統來加以組合，最基本的便是性質相近。性質相近的職位間，沒有縱的關係，就一定有橫的關聯，藉工作本身的連鎖，進一步按着順序串連起來，便是這裏所說的組合。另一是合理的組合。組合必須合理，才能較有好的功能。合理便是恰當，恰當的組合，運轉起來不致遭遇到障碍，相互間的聯繫和合作，也都會較爲方便，組合的效果，就會由此而引發。組合得不合理，恐怕比不組合還糟，不組合只不過是缺少相輔相成的良好境界而已；要是不合理的話，必將產生互相牽制，效果抵銷，工作重複等等不良後果，根本說不上是行政了。放眼縱觀現有的若干組織，常會發現因爲組合不合理而有的怪異結果，違反了組織的基本原則，便甚麼都不是了。合理的組合以後，便要劃定各單位的職權範圍，這樣組織便可以具備雛形了。組織的功用，便是在分工；分工的目的，便是把整體的業務，劃成若干部份，分由不同的單位掌理，使各有專責，互不干擾，彼此的職權範圍劃分，越明確越合乎組織的原則。如果當初在組合職位的時候，確能按照工作性質，而又能維持合理的原則，職權範圍的劃分，將不會有任何的困難，因爲既按性質組合，親疏的關係，已十分明顯，範圍的劃分，已是水到渠成了。加上是合理的組合，互相間的業務，就絕少有糾纏不清的了。這樣的組織，在基礎上已是相當堅固而穩妥了。然而，組織除了建造這些基本的架構以外，要緊的是分工仍能在整體的觀念中進行，正如前文所引張金鑑先生行政學典範一書中所說的一樣，「一個組織的構成各部份與其全體間存在着一致而有效的關係或配合」。所以，在討論組織形成的最後一個步驟，要強調各單位之間的關係，各職位之間的聯繫、監督、支援，以及各種人員應盡的本份。如果說組織的架構，像是人的軀體，那麼建立組織間的良好關係，保持密切的聯繫，實施適當的監督，經常交互地支援，便是組織的靈魂。有了靈魂的組織，才是可貴而有價値的組織，也才是我們建立組織的理想所在。建立架構容易，修煉靈魂困難。圖書館的組織裏，各工作單位之間，要保持良好的關係，同一單位之中各個職位，要經常密切聯繫，這是前面已經提過，分工以後，一定要靠互相合作，才能有良好的效果，不必在此重複。値得再說的，是監督和支援，以及各種人員應盡的本份。藉組織推展業務，只是行政的開端，依據計劃，認眞執行，行政的最重要一環，還是考核。考核不是一般所說工作勤惰，或者績效評定，甚至用來作爲人員獎懲依據。在行政三聯制裏，考核是針對着計劃，查考執行的情形，而作澈底的檢討。而考核的過程中，所採取的步驟，便是這裏所說的監督。在行政組織裏，上級對部屬，交付任務以後，在他們執行期間，要經常實施監督。惟有嚴格的監督，讓執行的人不會疏離計劃，有時還需要給予適當的指導和修正，才能使計劃順利而確實地執行。所以，監督在行政管理上，有特殊重要的作用。換句話說，也就是靠着監督，使得執行更加順利、更加澈底、更加有效。監督也不只是嚴格而強制的要求，同時也是對執行進一步瞭解，和受監督的人進行溝通，紓解困難，修正方式，講求技巧，執行的結果，自然更好。因此，在建立組織的時候，便要完成監督的系統。至於支援，更是重要。圖書館裏，有的工作，超越在兩個單位的業務範圍之上，分工的時候，沒有辦法分割，只有互相支援，才能辦理完善。有的臨時性工作，不是一個單位所能承擔的，必須共同負責，也只有互相支援，才能辦理完善。還有一些事務，雖然屬於經常性的工作，可是卻不是普通地彼此保持聯繫，就能順利處理的，也只有互相支援，才能辦理完善。諸如此類的狀況，在圖書館的組織裏，眞是不一而足，無法枚舉。甚至，在分工設計之初，都認爲已經非常週密，到了執行的時候，仍舊會出現很多問題，都非依賴互相支援不能解決問題。我們在第二章討論圖書館行政的原則，就提到過機動化，目的便是強調互相支援的重要性，因爲組織的分工，很容易形成本位主義，忘卻整體的觀念，忽略共同的任務。所以，在建立組織的過程中，便要加強互相支援的要求，否則日後再謀求補救，就不若防患未然了。最後，在組織之中，還有一個要件，那便是本份的問題。我們常喜歡把組織比譬成一部機器，推展圖書館各項活動所設置的職位，就像每一部機器的很多零件一樣，每個零件，都有它的功能，圖書館裏每個職位，也都有各自的本份。善盡各人的本份，是組織健全的基本要求。但是，要盡本份，先要知道本份。因此確定每個職位的本份，讓擔任職位的每一位館員，都可以明確地知道自己的本份，也成了構成組織的基本要素。一般說的本份，都指的是這一個職位的業務範圍，工作上的責任，應盡的義務。除了工作本身以外，從組織的觀點着眼，便要把與其他職位之間的聯繫，都包括在內。每人任何一個職位，都有其縱橫兩方面的關係，把這兩方面都保持良好的狀況，也是本份的一部份。每人把自己的工作做好，而整體又能够和諧，便是組織的最理想的境界。

綜合以上所述，我們可以有一點體認，圖書館的組織，分成若干個工作單位，是組織的外形，固然十分重要，但是要發揮組織的功能，還要從任務的確認，活動的設計，職位的需要，合理的組合，密切的聯繫，認眞的監督，互相的支援等各方面的根本處，充實其內涵，培養其生機，才能够功德圓滿的。

接着，我們應該根據前面所說的一些基本概念，進一步討論一下圖書館組織的實際問題，研究出大家可以遵循的標準來，作爲各館的參考。

第一、依照工作的程序。這是目前最常被大家採用的一種標準。圖書館法令，關於組織的規定，也是以此爲準的。民國廿八年七月廿二日教育部公佈修正圖書館規程第八條：

「省市立圖書館設置左列各部：

1. 總務部：文書、會計、庶務及其他不屬於各部之事項屬之。
2. 採編部：選購、徵集、交換、登記、分類、編目等屬之。
3. 閱覽部：閱覽、庫藏、參考、互借等屬之。
4. 特藏部：金石、輿圖、善本、地方文獻等屬之。
5. 研究輔導部：調查、統計、研究、實驗、視察、輔導、圖書館工作人員之進修與訓練及各項推廣事業屬之。

以上各部，得視地方情形，全部設立或合併設置，其工作大綱另定之。」

同規程第九條，縣市立圖書館，除總務、採編及閱覽組外，另設立推廣組，凡演講、播音、識字、展覽、讀書指導、補習學校及普及圖書教育事項屬之。不設特藏及研究輔導兩單位。民國五十八年十一月十七日教育部修正公佈各省市公立圖書館規程第四條：

「圖書館設置左列各組：

1.採編組。2.典藏組。3.閱覽組。4.推廣組。5.總務組。」

這些都是圖書館組織的基本型態，也是目前最常見的。概括起來說，有兩點值得注意。首先，最早的規定，把總務部門列爲第一個單位，後來卻改爲最後，其中雖然沒有明說規定的意義，卻可以代表兩個時期的不同觀念。現在認爲總務乃是圖書館業務的配合單位，所以放在最後，很有點重視專業單位的涵義在。其次，這一種組織型態，完全是按照工作程序來的。圖書館服務讀者，必須以資料爲媒介，資料是圖書館的寶藏，是讀者知識的水庫，圖書館重視資料的採訪與編目，是可以理解的，因爲這些都是爲讀者提供良好服務的先決條件。資料入藏，必先選擇、採購、登錄、再行分類與編目，然後便可以完成整理的階段，隨時可供應用，所以採編是圖書館工作的第一步，放在組織的最首要的地位，也是順理成章的。整理好的資料，要好好地保管典藏，以準備讀者利用，因此緊接在採編部之後的，便是典藏和閱覽兩個部門。有的圖書館，把典藏工作，劃歸閱覽部門，也是相當合理的。流通工作是閱覽部門的重要業務，而與典藏有密切的關聯，統籌由一個部門掌理，事權比較統一，處理比較方便，分由典藏和閱覽二者負責，便常發生不便。如果由典藏部門辦理流通業務，也顯得與組織體系不合。但是無論如何，這是和讀者服務有關的，是組織的主體。緊接在後面的，是推廣或研究輔導單位，屬於讀者服務的延長，所以在服務部門的後面。這種按照工作程序所建立的組織系統，合於任務的需要，也合於邏輯的推演，確實符合組織的精神，被大家所樂於採用，是有理由的。現有的圖書館中，更有很多把採編分成兩組，採訪組和編目組，這也很對的，採訪和編目兩者，在圖書館的業務裏，雖然同屬於讀者服務的準備工作，但是性質卻大異其趣，而且從事這兩種工作的人，也各自需要有不同的知識和訓練，分成兩部份辦事，也眞的是應該的，何況，這更符合工作程序的標準。

第二、依照工作的性質。我們在研究組織形成的時候，曾經說過，組織是把性質相近的職位加以合理的組合。所以，組織按照工作性質來分工，是最合理不過了，能够兼顧理論與實務兩方面。在理論上，性質相近的工作，必定有其共同的屬性，在圖書館的業務中，一定是屬於某一共同活動的，彼此之間，不是先後的互相銜接，便是左右的互相牽連。把這些集合在一起，先天上就具備了良好的依據。在實務上，也是極爲自然的。性質相近的工作，本來就是由同一活動之中分割而成的，只是爲了工作上的方便，負擔上的均勻，效率上的增加，甚至專業上的訓練，才把同一件事務，分開來由大家擔當，他們自始便是相輔相成的，有些更根本不能獨立的。現在我們把這些再組合在一起，完全是基於實務上的需要，事權集中，最符合組織的要求。按照這種標準來建立組織，一般都是把圖書館劃分成兩個大部門：技術事務部和讀者服務部。這是目前甚爲流行的一種方式。圖書館的工作，不外兩大部份，讀者服務工作本身，和爲服務讀者而做的準備工作。資料的選擇、採購、登錄、分類和編目等工作，都是服務讀者的準備業務。適當的選擇，迅速的採購，正確的登錄，仔細的分類，和合度的編目，使館藏健全，又整理得井井有條，都是圓滿服務讀者的必備條件。但就圖書館的功能而言，雖然這類整理工作本身，是沒有發揮的機會的，一定要透過服務工作，才能顯示其價值。不過，這些工作仍然是極爲重要的，是圖書館一切作爲的基礎。我們把這一部份業務組合在一起，成爲一個工作單位，是合理而恰當的。讓這些業務之間，密切聯繫，方便溝通，熱誠合作，是再好不過了。納入在一個工作單位之中，指揮、監督和運用上，都將會有較優的效果。圖書館工作的其餘部份，無論是閱覽、流通和參考，均屬於和讀者直接接觸的業務，歸納成爲讀者服務部，也是最理想的了。讀者服務工作，是圖書館開花結果的業務階段，服務讀者的人員，也需要特殊的訓練和學養，更具備特殊的工作共同的特性，統籌辦理，靈活運用，不僅可以強化組織的功能，讀者來館尋求服務，也一定較爲方便。尤其在圖書館的組織逐漸龐大，業務逐漸繁雜的時候，圖書館分成這兩大部份，各有專人負責行政事務，可以減輕館長的工作負擔，是最大的優點了。

第三、依照服務的對象。圖書館是爲服務讀者而設置的，所以特別重視服務工作，也是很自然的。圖書館的服務工作，由於社會環境的改變，而成爲多元的。就以服務的對象而言，也促成了服務工作的複雜。我們服務的對象，因爲有年齡、職業、以及知識程度種種的差異，使得服務工作的進行，必得採取若干適當的安排，以求取較高的效果。例如，兒童是圖書館服務的特殊對象。他們進圖書館，不是爲了學術研究，也不是爲了工作需要，甚至有時根本不是爲了求得特定的某一方面的知識，而圖書館所應該爲他們提供的，也和一般讀者的不同。他們正處於成長的過程中，心智還沒有成熟，知識程度不高，閱讀能力有限，他們急迫需要的，是幫助正常發育的知識與觀念。圖書館爲了更有效地服務兒童讀者，便有專門的組織單位，來負責這類業務。所以，公共圖書館常設立兒童部，有的還專門設立兒童圖書館。圖書館學校裏，也開有專門課程，訓練人才來董理其事。足見由於服務對象的不同，促使圖書館採取不同的措施，成立特定的服務單位，如兒童閱覽室，青少年閱覽室等等。其他如一些公共圖書館，有特殊的工作環境，地處工業區，當地的讀者，一定常有業務上的問題，要向圖書館尋求解決，如果這種實務上有需要的時候，未嘗不可成立專責的服務部門，利用特別爲他們收藏的資料，設計一套完整的服務計劃。再如有的圖書館，設立盲人的服務部門，專門對傷殘的讀者做些服務工作。這些都是以服務對象爲依據，所建立的組織，一方面是加強服務特定的對象，另一方面意味着對這些特定對象的重視。目前圖書館很多都有類似的組織。

第四、依照服務的項目。上文曾經提到，圖書館的服務對象，包括各種狀況不同的讀者，而圖書館的服務項目，也隨着變成五花八門的多種項目。所以，圖書館也常設置一些單位，專門負責一種服務項目。把不同的服務項目，分開來辦理，既方便讀者利用，又有助行政管理，實在也是很好的一種建立組織的標準。像圖書館的流通和參考，雖同屬於直接的服務工作，可是性質上卻截然不同，所以都分別爲兩個服務單位：流通部和參考部。這種組織的方式，可以使得讀者按照自己的需要，去找負責的工作部門，享受利用圖書館的權利。讀者到圖書館來，他們只急於解決自己的問題，不會太理會圖書館的組織。假使圖書館能按照服務的項目，設置工作的單位，對讀者而言，一定是十分受到歡迎的。他們想借書回家閱讀，便知道直接去流通部。他們要尋找參考資料，便進參考室。他們有參考問題，便去參考部，詢問參考館員。其他像期刊、官書和一些非書的特殊資料，圖書館都可以設立專責的服務單位，來供讀者利用。因爲現在圖書館收藏的資料類型很複雜，處理的方式也無法一致，甚至收藏的場所，也不能在一起，像影片、錄音資料、錄影資料等，和圖書就無法同樣整理和保管，讀者一定要到不同的地方，才能借到不同的資料。在圖書館員來說，資料分成各種類型，是理所當然的事，讀者呢，則一下子未必就能理解。因此，圖書館的組織，如果能夠注意到這一點，用服務項目作爲服務單位的名稱，可以省去讀者的很多困擾。圖書館採用這種方式的，愈來愈多，也是情勢使然的。

在圖書館的組織方面，根據我們研究所得的意見，倒不必過份拘泥於何種型態，一定要採用何種標準，只要瞭解組織的原理，根據任務的需要，作合理的安排，總以能夠增加功能，發揮整體的力量，方便讀者的利用，分工不忘合作，相互溝通，密切聯繫，有時還要斟酌本身特有的情況，工作環境的客觀因素，靈活運用，使圖書館能夠在組織的運轉下，達到理想的工作境界，便算是功德圓滿了。

二、編制

何謂編制？編制就是組織之內的人員配當，配當二字，借自軍語，仔細揣摩，意境甚高。「配的意思，很爲淺顯，分派之謂也。「當」的涵義，就頗爲高妙，而不是容易達到的境界了。在組織的原則確定之後，根據上文所述，組織之內，必然包含有各種不同的職位，要分派人員去擔任，這是「配」，是否「當」，就值得考量了。因爲所謂的「當」，是恰當，是合適，是妥貼。在行政工作裏，惟有「當」，才會有最理想的效果出現，才能達到行政的目的。考量「當」與不「當」，有主觀的標準，也有客觀的因素，必須都能夠切實地瞭解和掌握，才庶幾乎可以有「當」的機會。在軍隊裏，人員的編組上，一個班該有幾個士兵，要看他的任務，是重在攻擊，還是重在防守；要看他的裝備，配有一些甚麼樣的武器，火力強，還是火力弱。編制的標準，不能死牢釘在不變的人數上，此無他，求其「當」而已。圖書館的組織編制，也是這樣的，要因着各種情勢的改變，而擬訂不同的標準，所以我們把圖書館的人員編制，解釋成員額的配當，不但「配」，而且要「當」，這也才是所謂的行政。

那麼，圖書館的人員編組，應該怎樣來加以考慮呢？現在分別加以研究。

第一、量的考慮。圖書館處理業務，提到人員的問題，不消說，大家都是多多益善的。誰不希望全館的員額多，誰不希望本單位的員額多，誰都認爲人多好做事。因爲，業務是有極限的，縱使有時多，有時少，不過多與少之間，也是有一個常態的。在固定的業務數量之下，人多了，每人的負擔減少，工作輕鬆，是大家都盼望的。可是一所圖書館，總共能有多少員額，不是可以予取予求的。在現有的員額下，各單位就要爲自己爭取了，越多越好。從組織的觀點來說，我們強調了每一單位都有同等重要的功能；從組織的功能來說，我們否定了每一單位的個別性質和功能。但是，當大家爭取員額的時候，都會說自已的業務繁多，自己的業務重要，只有較多的員額，才能完善處理。實際的情形如何呢？當然不可能盡如人意，量的考慮，便極爲重要了。組織裏面，既然分成幾個不同的工作單位，單位之間，必有相似的比重，才是均衡的組織，在人員的配當中，也應該有適切的比例，不容許有偏重的不均現象。當然，我們也不贊成平均分配，平均分配，看來是公平的，實在是最不公平的。何以言之，各單位的工作，同等重要，但量的分配，卻不可能半斤八兩似的完全一樣。如果眞的每一單位的員額相同，等於是忽略了業務間的差異，否定了工作量的不同。舉個例來說，圖書館的流通部門，到底該多少員額？這問題的答案，就無法一致了。因爲各館的性質不同，工作環境不同，服務對象不同，尤其流通量的大小，都是決定流通工作人員多少，必須要考慮的因素。不可以說別的單位人多，流通部也要那麼多人；也不可以說別的單位人少，流通部就不能人多。人員的編組，完全要看實際的狀況而定，一切以達成任務，而且不浪費人力爲原則。當然，這種量的分配，要想考慮得很週全，做得合理，要靠主持行政工作的人，瞭解各單位的實務，斟酌業務的繁簡輕重，工作量的多少，人力需求的情形，再比較其他單位，以作最適當的決定。

第二、質的考慮。在圖書館的工作人員裏，有專業人員與非專業人員兩部份。所謂專業人員，便是受過完整的專業訓練，又擔任專業工作的人員，當然是圖書館的主幹。除了專業人員以外，圖書館裏還有一批人員，他們未曾受過專業訓練，負責的也是一些事務性工作。比起專業人員來，自然不會受到那麼重視，雖然我們也曾強調過，在組織內的所有人員，都有同等的重要地位，不過，專業人員仍然是較有份量的，因爲他們不但有專業知識，而且多半負責行政工作的職位，在圖書館經營之中，他們是計劃的擬訂者，執行的指揮者，考核的執行者，他們直接關係着圖書館事業的成敗。尤其，近數十年來的圖書館，由於資料的增多，媒體的複雜，自動化的實施，加上讀者的要求，都使得圖書館員格外需要具備較多的專業知識，圖書館選用館員的時候，也都以有否受過專業訓練爲第一考慮。圖書館員，不像從前一樣，圖書館學校的畢業生，只是點綴而已。這些受過專業訓練的人員進館以後，給圖書館帶來了很大的影響，造成了人事上的隔閡，專業人員與非專業人員之間，頗有互相抗拒的跡象，其實我們再三強調，這些都是不應該發生的，每一位館員，都對圖書館的發展，有着相同的貢獻。不過，這種說法，也並不否定，專業人員需要受到適度的重視，因爲畢竟他們所負的責任較重，所付的心力較多，絲毫不意味着對別人的歧視。那麼，這些專業人員，在圖書館裏應該如何分配運用呢？這就是質的考慮。一館之內的各單位，在員額上要均匀分配，在素質上也要合理調度。這裏所說的合理，還不止於量的問題，把專業人員平均地分配到各單位而已，要深一層注意的，是包含了專業人員的特長問題。圖書館學的研究，現在已經演變得走向專精，把圖書館裏的各種業務，各種問題，都成爲特定的研究範圍，訓練培養了很多專才，我們在調度專業人員的時候，也要考慮到這一因素，一定要讓他們擔任適當的職位，才能各展所長，貢獻自己的力量，促進圖書館的發展。專業人員，在圖書館裏，就像人體的神經系統一樣，由中樞而末梢，合理分佈，正當運用，會使得圖書館成爲一個有機體，首尾相連，四肢靈活，把圖書館的任務，當成是整體的工作目標，同心協力，一致以赴。如果有所偏廢，或者有所輕重，情勢就迥然不同，不堪設想了。

總括以上所說，圖書館的編制，如果處理得宜，便使得館務順利進展，一日千里。反過來說，編制安排得不合理，使圖書館的組織上出現畸形，雖某一部份有特異的發展，但對整體的任務來說，仍將有所傷害。考慮編制的問題，必自整體的利益着眼，必從經濟的觀點入手，不容因小害大，不可浪費人力，切忌勞逸不均，也怕輕重不分。這是圖書館行政的高度運用，是圖書館發展的基礎所在。處理這種問題，要憑藉圖書館學的理論，掌握住經營的方向；也要利用圖書館的實務，瞭解了業務的需要，衡情度理，力求公允，才是最基本的原則。

關於圖書館的編制，除了上述的以外，在圖書館的經營中，還有若干特殊的意義，值得提出來加以研究。也許一般人不加重視，但是經過仔細分析，便十分瞭然。我們瞭解了一所圖書館的編制，就可以體會出他們經營的意願。雖然一位館長，在考量編制問題的時候，都是本着公平合理的原則，等到他的編制確定了，我們還是可以從其中臆測出這位館長的心願來，知道他的心目之中，希望把這所圖書館經營成何種狀況，他理想中的圖書館是怎樣的，在諸多的業務之中，輕重緩急的衡量，又是如何劃分的。我們之所以強調和研究這一點，實在是覺得這種行政上的處理，頗能影響到圖書館的經營，如果這種觀念和做法，竟然普遍被大家所接受，不知不覺之中，都採用了此一態勢，就會在整個圖書館事業發展之中，蒙上一層陰影，增加一層障礙。同時，我們假使確認了編制所帶來的某種困擾，爲了突破目前經營上的僵局，就可以對症下藥，在編制上謀求補救，以求新局面的出現。免得陷入經營的迷陣之中，明知業務進展得不如理想，而找不出癥結，徒然採取很多的新措施，也始終難以爲功。

我國的圖書館事業，早期的姑且不談，卽以近百年的歷史而論，中華民國圖書館年鑑一書中，第一章把中國圖書館事業的發展，分成萌芽時期、成長時期和抗戰及復員時期三者。第二章第一節我國圖書館事業之現況與展望，又把近三十年圖書館事業的發展，分成三個階段：卅四年至四十年，四十一年至六十年，六十一年以後。綜觀各方面的記述，我們必須承認，我國的圖書館，從七十年前到今日，從數量和素質兩方面比較，都有相當的成就。特別是近廿年來，雖然政府偏處臺灣，但經濟發展、民生富裕、教育普及、政治民主，在諸多有利的條件之下，圖書館事業也隨之勃興，新館如雨後春筍，館舍建築堂皇，蒐藏也逐漸豐富。根據中華民國圖書館年鑑的統計，現有國立圖書館一所，分館一所；省市立圖書館三所，分館十八所；縣市立圖書館十六所，分館（含鄉鎭圖書館、閱覽室）四十七所；大專院校圖書館九十八所；中等學校圖書館七八四所。概略計算，共有九百餘所，每兩萬人卽有圖書館一所，縱使這些圖書館的狀況不够理想，然而數量之多，已够驚人的了。假使能以此爲基礎，尋求正常發展，前途眞是不可限量。可是，從另一個角度來看，這些年來圖書館的發展，卻始終停滯在同一種型態上，工作的重點，偏重在資料的蒐集與整理，卻忽略了利用，特別是在讀者服務方面，缺少主動的、深入的工作層次，鮮有特殊的成就，圖書館功能的發揮，距離理想，還遠得很。就以參考工作而論，便是一個典型的例子。我們查考四五十年以前的圖書館學論著，發現當年參考工作方面所討論的問題，和今天比較起來，沒有太多的差別。唯一的發展，應該是參考資料的數量加多了。在參考工作本質上，實在沒有太多的進展。換句話說，幾十年來，沒有解決的問題，仍舊沒有解決。當然，參考工作之所以停滯不前，有客觀的環境的因素在內，不能完全歸咎於圖書館員。但是，這畢竟是圖書館員的責任，無法推辭的。克服工作上的困難，也是圖書館員的責任，如果困難重重，不能全克服則可，眞的一點也不能紓解困難，那就值得檢討了。數十年來圖書館員的心力，難道都白費了！這樣說，顯然是不公平的。根本的原因，恐怕是圖書館用在這方面的人力太少了。這正就是我們所研究的編制問題。以目前圖書館的狀況來說，我們隨便取樣，以任何一所圖書館爲例來加以分析，便可一目瞭然了。無論從量的，或者質的觀點來衡量，都太薄弱了。量的方面，和別的工作單位來比，參考人員總是顯得太少了。少的原因，大家一定說，參考工作的份量不多，讀者利用得少，分配太多的人，等於是浪費，這是行政上所不許可的。所以，參考部門，在我們的圖書館裏，簡直是一個最爲冷落的單位，幾十年來很少改善。在質的方面，更是產生一種不太合理的情形，參考部門，本是一個專業的工作部門，參考人員必須具備專業知識，受過專業訓練，而且要有足夠的學養，才可以勝任愉快。和一般圖書館員相比，絕對要在相當的專業水準以上。回顧我國的圖書館，過去安排在參考部門的人員，有沒有曾作如此的考慮，答案是否定的。那麼，參考工作希望順利推展，怎麼能夠如願以償？如果想得到澈底的解決，只有一條途徑，那便是合理調整人員的編制。我們的工作人員，目前最常見的狀況，每集中在編目和採訪部門，無論在質或量方面，都是如此。也許是受到傳統的影響，對於資料的蒐集和編目，給予了過份的重視。的確，我國的圖書館史，歷代都曾有很豐富的收藏，也很注意分類編目的工作，可以從藏書史及目錄學史兩者得到明證。歷史中有關藏書的記載，先秦以下，以迄明清，均極爲完備，圖書館學（中國圖書館學會出版委員會編，學生書局印行）第三章，同窗摯友周駿富教授主稿的中國圖書館簡史一文敍述甚詳，可爲佐證。分類編目工作的認眞處理，更可以從中國目錄學史、特別圖書分類之演變中，得到深刻的印象。七略以下，諸多嬗變，以迄四庫，近代圖書館運動興起，才仿西洋，用十分法。但是，不論類居如何變易，系統仍舊是一脈相承的。也許由於從前需要使用圖書館的人較少，把工作的重心放在分類編目上，沒有覺得有甚麼不妥，到了現在，情勢可就完全不同了。圖書分類編目的工作，就整個圖書館來說，只是算爲整理的準備工作，把這一部份業務處理完善，非但不是工作的全部，而且單憑這些是無法發揮圖書館的功能的，只有根，沒有發芽生長，如何開花結果？說到這裏，參考工作，還有其他的讀者服務部門，需要在編制上重作考慮，給予適當的人才，在質和量上，都必得有合理的調整。如果有了合理的安排，我們可以斷言，參考工作一定不會像「牛步」一樣地在發展上如此緩慢，縱使在實際的工作環境裏存在有若干障礙，也會慢慢突破的。總之，在圖書館的編制方面，我們覺得不可以由於觀念上的輕重之分，使得分配得不够均匀，以致業務的發展受到影響，功能不能顯示。進一步，我們借用美國一些圖書館的編制，更能够覺察其中的差異來。美國有的圖書館，全館只有四人。其中一人爲館長，一人掌理訂購、編目及參考工作，一人負責成年、青少年讀者服務工作、流通業務及參考工作，一人專門服務兒童。擔任讀者服務工作的佔全館百分之五十以上。十位館員的圖書館，他們的編制，一人爲館長，一人掌事務，採編及裝釘二人，參考工作一人，流通二人，青少年服務一人，兒童部門二人。直接參與服務工作的有六人，佔百分之六十。再以廿五人的圖書館爲例，館長一人，助理一人，事務二人，採訪三人，編目四人，參考三人，流通及流動書車六人，青少年部門一人，兒童部門四人。這樣，共計有十四人負責讀者服務，也佔百分之五十六。如此比例，在我們的圖書館行政中，簡直無法想像。但是，美國的圖書館事業，能有今日的成就，可以肯定地說，與此非僅有關，而且關係十分密切。這正足以說明，他們圖書館的行政意願，和我們的顯然不同。我們的圖書館，是無法禁得起這樣人力上的分析與衡量的。讀者服務部門人力單薄，素質不夠，實在太明顯了，如此，而希望圖書館能夠透過服務工作，圓滿地達成任務，就有點說不過去了。多少年來，我們把這些工作做得不理想，常歸咎於讀者不會利用，也是不大公平的。現在的讀者，的確對圖書館有殷切的需要，不能充分利用，也是圖書館員應該負責的。圖書館既是爲讀者而設置，一天不能發揮功能，便都是圖書館沒有做好該做的事，教會讀者利用圖書館，也應該包括在我們的業務範圍之內。人員夠了，素質提高了，便可以設計各種方式，克服工作上的困難，逐漸步上正軌的運轉。總結起來說，我們要求在編制上的考慮，應合乎組織的原則，面對任務的需要，才是研究編制問題所熱切盼望的。

組織和編制，是圖書館人力的動員和運用，而人員是圖書館工作基本動力的來源，運用得宜，則萬事順遂，否則，一切的計劃和設施，都將是枉然。我們不願意過分強調組織和編制，對圖書館的經營，將有何種嚴重的影響，但不認眞考量和講求，必使圖書館無法達成任務，也是不容懷疑的。

本章參考資料：

一、張金鑑著行政學典範。

二、藍乾章著圖書館經營法。

三、Wheeler and Goldhor: Practical Administration of Public Libraries.

四、E. W. McDiarmid and John McDiarmid: The Administration of the American Public Library.

五、Lowe: Public Library Administration.

伍、人事管理

人事是行政工作的根源所在，人事管理的成敗，直接而嚴重地影響行政工作的效果，而且人事不同於其他行政因素，比如財力、物力使用不當，充其量不過是形成浪費，減少行政的功能，卻不致於產生太多的後患，人事則不然，處理得不够完善，必將引起複雜的後遺症，破壞了所有可能成功的機會。況且，負責行政工作的是人，行政處理的對象也是人，而人之所以爲人，所以不同於物，就是在於人各有不同的情懷，同樣的狀況，卻會出現各種不同的反應。物呢，則不一樣，物的反應，有其一定的常律，我們可以預測其變化。人心不同，各如其面，是我國的一句古諺，有着很深的內涵。在現在的行政工作之中，人事管理，講究是劃一的原則，任何人都在同一標準之下活動，但是方式卻必須活用，適應不同的狀況，以求最高的效果。否則，一成不變，雖說是認眞執行，但其結果必定有相當的差異，甚至適得其反，出人意表。我們常看見一些圖書館的行政人員，學養經驗，都很爲豐富，大家相信他必定是圖書館行政的長才，能把圖書館經營得很好，事實上常常不然，而且多半是由於人事上處理未見完善。造成的原因，當然是來自於被管理的人，然而不可否認，負責行政工作的人本身，也常是問題發生的根源。我們的社會，剛由靠情維繫的農業社會，轉化爲要以法爲基礎的工業社會，有太多的人不習慣，不能適應。在組織裏，有時我們一定要順從大家的意見，考慮整體的利益，把個人的意見和利害，暫且放置一邊。如果，稍一不稱心如意，便心存怨尤，甚至執意孤行，都是不許可的。這種人是人事管理的最大障礙，會使行政工作陷於癱瘓而不能自拔。負責行政業務的人，有時也要對人事管理不善負有絕大的責任。人本來就是情感動物，在一般業務之中，就很難擺脫情感的成份，人事安排的工作裏，更無法根絕這種困擾了。這也正是造成人事管理不順遂的主要原因。為此，我們在進一步研究人事問題的時候，必得對基本觀念加以澄清，以樹立健全的原則，作為處理的參考。在討論組織和編制一章裏，曾經強調這一點，那便是組織形成的第一步，要先考慮達成任務所需要的活動，活動之中要何種職位，現在研究人事，正是為職位安排適當的人員。說到這裏，就很明白了。考慮人事的問題，首先接觸的，不是人，而是事，是某一職位所要做的事。所謂人事，是為事求人，而不是因人設事。如果本著這個原則，人事的問題，就能分出本末，也就簡單得多了。我們將再不是因為發現有一位人才，設法為他安排適當的職位，而是基於業務的需要，想要延攬適合的人員。在這種考慮之下，也就容易摒除情感的困擾了。因為，為事擇人，既奉為人事處理的第一原則，凡與此不合的，一概拒加考慮，便已進行了相當大的淨化作用，而免除了不少的枝節，能夠更容易地達到理想的境地。往另一個角度來說，每一位人員的安排，假如都是按照這項原則進行，擔任職位的人員，在學識和經驗上，都能符合需要，靠他們來順利推展業務，而能得良好的結果，便是順理成章的事了。所以，人事管理，雖然是行政處理中最麻煩的一環，但也最重要，很難處理，卻非妥善處理不可。其實，只要能够把握住組織的原理，堅守了用人的原則，人事的問題，便沒有任何的困難，而且爲一切的行政工作，奠定了良好的基礎。大家對於人事管理所存在的一份疑懼，眞的是多餘的。

爲了方便說明起見，人事管理可以分成幾個部份加以剖析。

第一、養成方面。圖書館希望能够任用適當的人才，首先牽涉到的，便是人才的養成問題。人才的養成，本不屬於圖書館行政的範圍，但是我們討論圖書館的人事管理，卻不能不先對這一方面求得一個基本的認識。大家都瞭解，圖書館人才的養成，是圖書館學校的任務，圖書館所任用的，是圖書館學校訓練出來的，所以這些學校便成爲了圖書館員的來源。圖書館要想任用到適合的人員，必須要靠圖書館學校的訓練，能够順應圖書館的需要。當然，圖書館學校辦理教育，有自己的理想，他們希望把訓練出來的學生，成爲完美的造型，不能過於遷就現實。不過，圖書館學校創辦的目的，究竟是爲了替圖書館訓練人才，如果不能達到這個目的，縱使把學生訓練得十分理想，也是美中不足，相當遺憾的。提到這一點，有必要把目前的情勢加以研究，才能明白現況。根據中華民國圖書館年鑑，臺灣現有的圖書館學校，計有五所：國立臺灣師範大學社會教育學系圖書館組，國立臺灣大學圖書館學系，私立輔仁大學圖書館學系，私立淡江大學教育資料科學系，私立世界新聞專科學校圖書資料科。先後畢業學生，已在三千人以上，這是一個相當可觀的數字。再以圖書館的數量相對比，雖然不太理想，但也差強人意了。這批圖書館員的生力軍，照說應該已經形成我國圖書館事業發展的可觀的潛力，是光明前途的最可靠的保證。事實如何，如不諱言，那實在是值得省察的。這些學校對於訓練學生，所付出的心力，以及他們教育的成果，都不容許懷疑，而且應當給予相當高的價值肯定。那麼，沒有能產生預期的效果，到底原因何在？綜合起來說，不外兩個癥結。一是圖書館的人事管道梗塞。把圖書館列在一般的行政機關之中，新進人員必須通過公務人員的任用資格考試，而政府對圖書館人事任用又缺少法令的規定。倒不是圖書館學校畢業的學生懼怕考試，或者不能通過考試，眞正的問題，是政府沒有認眞限制，圖書館員一定要受過專業訓練，又通過了考試的才能任用。結果，圖書館任用的人員，是合法的，但不一定是合用的，是通過了任用資格考試的，但不一定是關於圖書館學的。每年高考錄取的，圖書館人員名額極爲有限，錄取了也未見得就能分發到正規的圖書館裏去工作。一般的圖書館裏，明明需要受過專業訓練的人員，眞正受過訓練的卻進不去。把圖書館現有人員的狀況，作一次分析與檢討，便知道上文所述，絲毫沒有半點誇張。難怪圖書館學校所培植的三千新血輪，沒有能使圖書館的發展創造出新生的契機。這是政府推展圖書館事業值得注意的一點，恐怕要靠法令來澈底地改進。另一個癥結，是來自於圖書館人才養成工作的本身，也就是圖書館學校應該留心的，養成教育上要作適度的修正。我國的圖書館起源甚早，專設學校訓練圖書館員則爲時甚晚，而且一開始，便走的美國路線。在圖書館發展的過程裏，我們學習美國並不錯誤，美國是世界上圖書館事業最發達，圖書館理論最進步的國家，與我們相比，其間距離尚相當遙遠，向他們學習，包括圖書館學校倣照他們的方式訓練學生，本屬事之當然，無可批評之處。何況，美國學校所訓練出來的學生，正是開創美國圖書館事業光明景象的主要憑藉，我們倣效施行，應該是成功可期的。然而，近六十年來，我們的成效，並不如理想，特別是近廿年，大批訓練了圖書館的專業人員以後，也沒有太多的進展，此中原因，便值得探討了。推究起來，恐怕是由於圖書館學校訓練學生的時候，忽略了我國圖書館實際狀況的原因。正如上文所說，圖書館學校循着理想的要求，透過完美的設計，把學生訓練成優秀館員的典型，這正是敎育的特性，也是敎育的可貴。可惜，圖書館學是一門講求實用的學科，一旦不能在效果上落實，敎育的目標，便根本無法達成。因爲我國的圖書館，在現代化運動的過程裏，還停留在起步階段，百廢待興，千頭萬緒，說得坦白一點，一切尙待從頭做起。這種狀況，早已成爲美國圖書館史的一段篇章了，他們訓練學生的時候，根本不必考慮這些，而我們呢，正是多少年來面對的難題。問題就發生在這裏，照著他們的課程與構想，所訓練出來的館員，無法解決我們當今的困難，不能滿足目前圖書館業務上的需要。我們的學生，素質不差，學養也够，遭遇到了問題，卻一籌莫展，徒呼奈何。這正是我們要求圖書館學校訓練學生，要順應圖書館實際需要的立論依據。例如：美國圖書館學校的課程設計，偏重在觀念的提供，理論的灌輸，希望每一位學生，都具有足够的學養，遠大的理想，和深厚的潛力。至於和實務結合的敎育，都留在就業以後，各館自己去負責施予。學校的重點在「敎」，「做」的部份則在其次。這種方式，在美國極爲合適。他們各館都有特別的安排，足够的水準，和豐裕的人力，來爲新進館員實施訓練，完成理論與實務的結合。這種「館」與「校」的密切合作，是美國圖書館良好發展的基礎。尤其是圖書館能對人員訓練有如此的配合，使得圖書館學校可以專心於高層次的潛力的培養，增加將來更好發展的機會。我們的圖書館則不然，就連頗具規模的圖書館，也無法有計劃地給新館員施予訓練。有的圖書館，根本上就缺乏受過專業訓練的館員，自己尚且存在很多問題，更談不上訓練別人了。這樣，便發生了很多問題，尤其新進的館員，有不少的困惱。一位圖書館學校剛畢業的學生，一走進圖書館，便成爲館裏的技術專家，大大小小的專業問題，都寄望於在他那裏獲得解決，可是這些新進館員，理論知識的確頗爲豐富，實務經驗則一點也沒有，很顯然地，圖書館經營的重擔，要靠這些人肩挑起來，是不大可能的。如此情勢，常有些相當不好的結果出現。首先，這些新館員眞的頗爲徬徨，他們在理論與實務的間隙裏，不知所措，他們所學到的，無法實地在圖書館經營中發揮出來，當初傳授理論的師長，也不會常在身邊，好讓自己隨時請教，本人又拿不出主意，有時更不幸地放棄自己的立場，隨著舊有的成規，一成不變地沿襲下去，甚至懷疑過去所學的眞實性。這樣，希望圖書館學校的畢業生，能帶動圖書館事業的進展，那眞是不可能的。其次，我們的圖書館裏，因爲過去受過專業的人員較少，所以有不少「行伍出身」的館員，他們雖無理論的修養，卻有豐富的實務經驗。這些年來，經營圖書館所需要的專業知識愈來愈多，已對他們構成心理上的威脅，加上受過專業訓練的人也年有增加，更使他們有點不安。如今，卻發現專業的館員，也不過如此，很容易產生一種錯覺，以爲圖書館學的專業知識，並不如大家所說的那麼重要，圖書館學校的畢業生，也不知道如何經營圖書館。這種想法，妨害到圖書館員專業化的演進，否定了圖書館專業化的需要，實在很值得注意。因此，圖書館學校爲了圓滿達成訓練的任務，使畢業的學生順利地參加圖書館工作，貢獻心力於圖書館事業，比起美國圖書館學校來，恐怕要多做一些工作，特別是訓練學生熟諳實務方面，多盡一份責任，以彌補目前圖書館人員素質不齊的缺陷。圖書館人力的培養，是圖書館事業發展的基礎，而且是必備的條件，影響於圖書館行政的也最大，人員的條件越好，行政工作推展得越順利。我們研究圖書館行政的人，殷切寄望於圖書館學校的，也就是在這一方面。圖書館學校像是在做播種的工作一樣，日後的發芽生長，開花結果，都要以此作爲起始。今日的圖書館，在經營上、在業務上、在讀者對它的需求上，都是極其複雜而多元的，沒有受過專業訓練，不能實際掌握實務，是無法參與其事的。訓練優秀的人才，無疑的，是最基本的。所以，這雖不屬於圖書館行政的範圍，但仍必須首先加以論列。

第二、甄選方面。在前文已經再三提到，雖然討論過圖書館人才的養成，但不是圖書館行政人事管理的範圍，眞正研究到人事管理，是從甄選開始的。設置一所圖書館，要推展各種複雜的業務，自然要有適當的人員，人員的延攬，便是現在要討論的甄選。甄選的工作做得理想，人事管理的目標便已達成一半，圖書館行政也已奠定了良好的基礎。甄選工作的受到重視，原因也就在此。關於甄選，必須從事與人兩方面著眼。事的方面，自然是要瞭解每一個職位的內涵，究竟要做些甚麼事，這樣，才能解決要延聘怎樣的人才，必須具備何種學術上的修養，工作上的經驗，和其他一些必要的條件。然後才有進一步在人的方面的考慮。人的方面，值得研究和討論的就多了，可以分成幾個部份來加以斟酌。

首先，甄選的方式，是大家所重視的。圖書館的工作人員，一般說來，有兩種來源：接受介紹與公開甄試。目前的社會，教育普及，人才衆多，一有工作機會，便很多人爭取，負責圖書館行政的人，要想在衆多的人數之中，挑選最合適的人選，當然要進行甄選。過去，較多採用介紹的方式，圖書館內部先擇定一些對象，或者拜託比較熟悉，而且可以信任的有關人士，加以推薦。圖書館根據工作的需要，考量各人的學識、經驗、能力以及品德，仔細比較，再作成最後的決定。這本是極爲可靠的方式，近來卻頗爲一般人所詬病，認爲如此甄選，易生循私的弊病。所選擇的人，每受內在或者外在人情的影響，任用的是私人，有違甄選的原則。誠然，我們承認偶有這種現象，根據已有的事例，的確有如此可能。所以，現在大家都諱言介紹，喜歡採用公開甄選的方式，最常見的，便是改行考試甄選。先公開宣佈工作的機會，讓有興趣的人都報名參加考試，甚至用一些技術上的措施，使得毫無偏私的可能，而達到公平得獲致大家的信任。其實，甄選的方式，並不是最重要的，方式之間，本來就是尺有所短，寸有所長，那有盡善盡美而一無缺點的方式。重要的是執行的人，有沒有忠於自已的職守，堅持甄選的原則。所謂忠於自已的職守，是行使甄選的權力背後，有一份應盡的義務，也就是責任。圖書館長甄選人才，是站在圖書館任務的立場，爲各個職位，尋求適合的工作人員，有一位理想的館員，便是爲圖書館建好一根支柱，將來圖書館整體的發展，基礎就在這一根根的支柱上。反過來說，任用了一位不合要求的館員，正是爲圖書館埋下去了一個禍根，小則影響館長個人的成就，大則破壞全館發展的力量。甄選適當的人員，正是館長的職守，不可以稍爲鬆懈。所謂堅持甄選的原則，便是認定甄選人才，是爲事求人，以能達成任務爲第一考慮，以能適合職位爲基本條件，摒除一切不合理的安排，總以整體的利益爲先。如果這樣去甄選人員，實在不論是何種方式，都會秉公處理，而能夠爭取到最優秀的人員，爲圖書館行政邁出最穩妥的一步。

其次，甄選的標準，是甄選工作進行的依據，也是甄選工作成敗的關鍵。談到標準，就是認定一位優秀的圖書館員，需要具備那些條件。本來，要建立確定的標準，不是一件容易的事。因爲，圖書館發展到現在，已成爲十分複雜的行業，有各種不同的業務，也需要各式各樣的人才，實在無法一概而論，說圖書館員一定要有那些能力。但是反過來說，究竟還是有一些基本的要求，所以我們便也自然地當作甄選的標準了。甄選的標準，概括起來說，應分爲「才」和「德」兩方面來說。所謂「才」，又包括學識、能力和經驗。圖書館員需要足夠的學識，應該是不容爭辯的事。圖書館所從事的是知識活動，圖書館員要有學識的基礎，才能選擇和購置良好的書籍，才能擔任分類編目的整理工作，才能瞭解讀者的需要，做好流通和參考服務。特別是今日知識發達，學術進步，圖書館員要接觸各種不同學科內容的知識，本身不但要有專門的學術修養，還必須有廣泛豐富的常識。再就圖書館的業務而言，也是要有專門的知識和訓練，才能把工作做好。因此，圖書館員要有良好的學識，乃是天經地義的。至於能力，是所有應用學科中的重要部份，因爲講求實用的學科，不比純理論的，它要藉著應用來驗證理論，圖書館學正是如此的。我們研究圖書館學，理論再高深，也要尋求應用上的價值。把圖書館的經營說得絕頂的理想，而無法實現，就仍舊是徒然的。可貴的圖書館理論，就是在於能夠實行，實行中可以獲致高妙的效果。所以，圖書館甄選人員，要重視學識，但也不可忽略能力，能力才是使得學識發揮功能的動力。一位研究圖書館學頗有成就的專家，未見得就是優秀的館員，館員是從事圖書館實務的，沒有適當的能力，是不足以成事的。甚至我們有時會發現，過人的能力，可以彌補學識的不足，那就是學識基礎，也許未見良好，可是能力高強，他能够藉重別人的學識以爲已用，而表現得十分優秀。反過來說，學識再好，能力太差，是無由以發揮的。甄選館員的工作，一定要注意這一點，有經驗的館長，都有同感。再說經驗，是圖書館甄選高級館員的必要條件。高階層的圖書館員，在業務範圍裏，有計劃、指揮和監督的多重任務。這些任務的達成，經驗是重要的核心。沒有經驗，計劃難以完美，指揮、還有監督更難以實施。經驗就是憑藉學識和能力磨練昇華而來的。從書本中可以求得學識，從訓練中可以提高能力，經驗卻必須是親身感受再透過思維而換取來的。人生最寶貴的便是經驗。一所經營良好的圖書館，必定是很多富有經驗的館員智慧的結晶。館長甄選人員，在學識和能力之外，如果能够得到一位有豐富經驗的助手，應該是最大的收獲。而且，豐富的經驗，也可以從另一個角度肯定了他的學識和能力。由此更可以證明甄選之中要重視經驗的理由，是千眞萬確的。「才」以外，我們還要談「德」。這裏所說的「德」，是廣義的，不僅限於一般的品德，而是綜合起來，發揮學識、能力和經驗功能的原動力。圖書館的一位館員，兼有優良的學識、高強的能力，和豐富的經驗，正像農耕一樣，我們已經播下一顆顆健全的種子，但是想它正常的發芽成長，開花結果，還需要配合適當的環境，才能收穫豐碩的果實。我們強調的德，也就是能使館員們充份發揮力量，促進圖書館事業發展的助成條件。有經驗的館長都能够體認，具有足够條件的館員，要使他成爲優秀的工作者，必須要有工作的熱誠。這份熱誠，好像是機器的動力來源，它能推動機器，使之正常運轉，而圓滿達成任務。圖書館員的工作熱誠因何而產生，就是由所謂「德」的內涵昇華而來。分析來說，恐怕至少要從三方面加以衡量，正確的認識，健全的身心，和樂觀的態度。前文已經提到，圖書館事業的發展，最重要的基礎，是每一位館員對任務的正確的體認。圖書館的業務，分工很細，館員們各有職掌，每人的工作，並不是任務的全部，大家一定要瞭解，他自己的成就，才只是整個任務的一磚一瓦，如果就困守在這小小的天地裏，將永遠不能够認識圖書館高妙的境界。譬如，在圖書館裏擔任編目工作，每天面對着一堆堆的圖書資料，查用分類表，按照編目規則，編成一張張目錄卡片，累積成一套完整的目錄。假使不去理會編目工作的功能，不能覺察編目工作的內涵，便只知道成年累月地埋首在編目的業務裏，機械式工作個不停，總有一天會厭煩起來，工作本身也不會謀求改進，慢慢地失卻了工作的樂趣。組織的僵化，便由此而起。如此要想使得圖書館的發展欣欣向榮，那眞是緣木求魚。所以，我們甄選館員，雖然安排在不同的工作崗位上，各人從事本身的一部份業務，但必須要他們對整體的任務有所瞭解，必須要他們對工作的意義有所體認，知道自己有何貢獻，自己居於何等地位，一方面可以使整個工作流程通暢，一方面也能夠維持長久不墜的工作興趣。這就是所謂的工作熱誠。圖書館的工作，伸縮性很大，熱誠的館員，有永遠做不完的工作，反之，也找不出來他有任何的不當。眞的是毫厘千里，出入太大了，甄選人員的時候，不可不愼。關於健全的身心，本是任何工作人員都需要具備的條件，對圖書館員來說，則顯然更加重要。圖書館的基本任務，是完善的服務讀者，有時還要進一步，希望透過服務的提供，遂行教育的任務。負責這種工作的人，更必須身心健全，也是十分明顯的。普通一般機關任用人員，都要求檢查身體，只有健康的人，才能愉快地全心全意從事自己的工作，善盡自己的責任。但是，通常所說的健康，僅限於生理的、體格的，其實，眞正的健康，應該包括心理的在內。工商業發達以後，社會發生很大的轉變，生活方式也急遽變化，造成不少人心理上的不平衡。在圖書館工作的人，要服務讀者，要提供資料協助讀書解決問題，要透過服務教育讀者，自己的正確觀念，是成功的先決條件。圖書館的館長，樂於見到館員們都充滿了活力，熱心地參與工作，更高與他們心理正常，方向正確，業務上都能夠充份獲致正面的效果。否則，在與讀者的接觸之中，難免不發生誤差，自己的心理不健全事小，影響了讀者事大。由於工作的性質不同，要求有較爲嚴格的限制，實在是必須的。再談樂觀的態度，對圖書館來說，也十分重要。只有樂觀的人，才有進取的精神，圖書館的業務，是一種永無止境的工作，沒有誰敢說他的圖書館工作已經達到完美的境界。我們在經營圖書館的時候，常把某一種狀況，認爲是理想的境地，可是當我們實現了，又會發現了有更高的理想，等待着我們去努力。然而，任何一種事業，可以意想得到的，在發展的過程中，一定會有很多的障礙，就靠樂觀的態度，支撐著我們去一一克服。當今的圖書館事業，說成是荆棘滿途，一點也不爲過。想一步登天，是絕不可能，成天怨歎，又有那成功的機會。如果我們確信，工作的方向是正確的，有了樂觀的態度，就可以培養出無比的勇氣，求取方法上的適應，邁向成功的大道。樂觀，便有信心；信心，是成功的基礎。在樂觀的態度之下，學識、能力和經驗，都會不斷地迸出一朵朵火花，燃燒出進取的活力，是圖書館事業發展的本錢。圖書館員有沒有樂觀的態度，眞的太重要了。圖書館行政要講求企業化，也正是這個原因。求新求進，是今日世界生存競爭中的基本精神。圖書館甄選人才，要才德兼顧的道理，已經說得極爲明白，在執行的時候，卻很難做得很確實。原因是才的權衡，比較容易，而德的量度，十分主觀，一定要靠負責甄選的人員，憑著職業的良心，聰敏的知慧，加上道德的勇氣，才能作出最佳的抉選。總之，人員的甄選，是人事管理的第一步，一着錯，便滿盤輸了。

第三、任用方面。圖書館員的養成教育，如果能夠正常地實施，已爲任用問題解決了一半。假使甄選工作的進行，也能把握住原則，則任用便應該沒有問題了。因爲甄選乃是任用的準備工作，甄選得適宜，任用得妥善，便是順理成章的事了。把爲某一職位甄選來的人員，加以任用，完全是水到渠成，十分自然的。不過，在任用方面，還有一點值得注意，那便是法令的規定。特別是公立圖書館，國家有人員任用的法令，不能忽略。民國五十八年十一月十七日教育部修正公佈各省市公立圖書館規程第八條：

「**圖書館職員資格如左**：

1.省、市立圖書館館長須大學畢業，曾任教育工作或圖書館研究工作七年以上著有成績，在學術上確有貢獻，對圖書教育有研究者。

2.省、市立圖書館研究員、副研究員須大學相關科系畢業，曾任教育工作或圖書館工作五年以上著有成績者。

3. 縣、市立圖書館館長須大學畢業，曾任教育工作或圖書館工作五年以上著有成績者。

4. 縣、市立圖書館編輯須大學相關科系畢業，曾任教育工作或圖書館工作四年以上著有成績者。

5. 鄉、鎭、市立圖書館館長須專科學校畢業，曾任教育工作或圖書館工作三年以上著有成績者。

6. 省、市立圖書館各組組長須專科以上學校畢業，曾任教育工作或圖書館工作三年以上著有成績者。

7. 省、市立圖書館幹事，縣、市、鄉鎭、市立圖書館組長、幹事均須高級中學以上學校畢業，並曾任教育工作一年以上著有成績者。

綜觀上面所引條文，實在覺得相當遺憾，因爲規定各級圖書館人員的任用，既不適合圖書館經營的需要，尤不尊重圖書館的專業化精神，特別是比起較早的法令，反而更顯得退步。民國三十六年四月一日教育部公佈圖書館規程：

第十三條　省立圖書館館長，須品格健全、才學優良，且具有左列資格之一者：

1. 圖書館專科學校或圖書館專修科畢業，曾任圖書館職務一年以上，著有成績者。

2. 師範學院教育學院或教育科系畢業，曾任圖書館職務二年以上，著有成績者。

3. 大學或其他專科學校畢業，曾受圖書館專業訓練，並曾任圖書館職務三年以上，著有成績者。

4.在學術上確有特殊貢獻，並對圖書館學素有研究者。

第十四條　省市立圖書館各部主任，須品格健全，其所任職務爲其所擅長，且具有左列資格之一者：

1.圖書館專科學校或圖書館專修科畢業者

2.師範學院教育學院或教育科系畢業者。

3.大學或其他專科學校畢業，曾受圖書館專業訓練者。

4.中等學校畢業曾任圖書館職務三年以上者。

第十五條　省市立圖書館幹事，須品格健全，且具有左列資格之一者：

1.具有前條各款資格之一者。

2.中等學校畢業曾任教育職務二年以上者。

3.對於圖書館職務有相當學識及經驗者。

第十六條　縣市立圖書館館長，須品格健全，才學優良，且具有左列資格之一者：

1.圖書館專科學校或圖書館專修科畢業者。

2.師範學院教育學院或教育科系畢業者。

3.大學或其他專科學校畢業，曾受圖書館專業訓練者。

4.在學術上確有貢獻，並對於圖書館學素有研究者。

第十七條　縣市立圖書館各組主任及幹事，須品格健全，且具有左列資格之一者：

1. 具有前條各款資格之一者。
2. 中等學校畢業曾任教育職務一年以上者。
3. 對於圖書館職務有相當學識及經驗者。

姑且不論這些法令的內容，在規定上是合適當，有一點基本認識必須建立的，那便是圖書館人員的任用，有各種不同的限制，都是明文規定的。我們擔任行政工作的人，一定要熟諳其中的內容。不僅此也，除了這些法令以外，圖書館也是公務機關，人員的任用，也要遵守一般的人事法令。比如，現行的規定，擔任公務員有其資格的限制，要在政府舉辦的考試中及格，才有合法的資格。再如何種考試及格，方才能以何種職級任用，都有十分明確的規定，而且要求得也很嚴格。這些雖然是館內人事單位的業務，不過我們負責圖書館的行政工作，也不能不有所瞭解的。至若上文所引內容，對於圖書館人員的任用，實在是太放鬆了，放鬆得簡直忽視了圖書館的專業特性。我們並非有意強調圖書館的業務是如何專門，圖書館學的內容是如何高深，但是時至今日，希望大家肯定圖書館的專業特性，應該不爲過份。尤其現在有專門的圖書館學校，爲訓練圖書館的專業人員而設置，每年都有相當數量的畢業生，正該是圖書館從業人員的生力軍，吸收尚且猶恐不及，何以在法令中竟無明確的規定。更令人懷疑的，民國三十六年教育部公佈的圖書館規程，還規定圖書館學校畢業，其他大學科系畢業，則要受過專業訓練。五十八年修正公佈的，反而放棄了這些限制，甚至也不要求在圖書館有過實際的工作經驗，便可以擔任圖書館的高級幹部，甚至擔任館長，眞是說不出道理來。在圖書館的人事管理裏，甄選是手段，是延攬優秀人員的過程，而眞正的目的，則在適當的任用。任用才是發揮人事功能的起步，有關的法令，自是人員任用的依據與限制，我們積極的當然希望能夠藉著法令提升圖書館員的專業水準，但至少也不可以因爲法令的疏漏，而造成圖書館無由正常發展的原因。從事圖書館行政研究的人，尤其得注意這一點，而且力求從速彌補的途徑。

第四、訓練方面。首先，在此應該說明，本文所說的訓練，是有別於前文談到的養成的。養成所指的是圖書館學校的基礎教育，重點在培養人員對圖書館的整體認識與瞭解，理論的灌輸，觀念的建立，說得再明白一些，是圖書館員潛能的培養。訓練則是養成的再進一步，就是將甄選來的新進人員，在任用之後，所給予的適當的教育和訓練，希望能把他們在圖書館學校裏所學到的，在工作中充份顯示出效能來，也就是圖書館學理論與實務的結合橋樑。習慣上，本來應該把這種訓練稱之爲在職訓練，但是擔心發生混淆，原因是目前圖書館界所說的在職訓練，多是偏重在已經服務於圖書館，但由於缺少專業知識與訓練，便把這些人集中起來施予短時間的訓練，以應付工作上的需要，這完全是救急的，不得已的辦法。因爲，這違反了我們圖書館人事管理的基本原則。照說，在甄選的時候，便已決定了是否合用，不合用就不能甄選合格，更談不上任用。如今，要對不合用的人員，施予補救的訓練，當然證明了甄選沒有遵守原則，沒有發揮功能，或者根本就無視於甄選的重要，這些都與圖書館行政的精神不合，自然不能當爲正常的工作，相信這種情況，會在圖書館事業發展進入正軌以後，就完全消除了，我們不該加以論列。也許有人認為，圖書館員都出身於圖書館學校，受過專業的教育，學養都有足夠的基礎，而且又是甄選合格的，任用時也注意到「才」與「德」的條件，還需要甚麼訓練？在圖書館行政裏，我們不但覺得圖書館員需要這種訓練，而且認為應該重視，甚至可以說十分強調，無非是基於三方面的考慮：

首先，理論實務的結合。圖書館學校的教育目標，固然由於圖書館學是一門實用的學科，在圖書館學的研討過程之中，不能離開實務，但是在學校裏，究竟仍舊以基礎教育為主，潛在能力的培養，視為第一考慮，偏重在理論與觀念方面，也就勢所難免了。我國的圖書館學校，受美國的影響較大，尤其有這種趨向，結果受過完整圖書館教育的學生，在剛參加實際工作的時候，每有不能適應的感受。如果把這種現象，歸咎於圖書館學校的話，那就大錯而特錯了。假使圖書館學校，把訓練的目標，完全放在實務上，那也許效果很好，但不是培養圖書館員，而是訓練圖書管理員了。眞正優秀的圖書館員，處理實務，是他的基本能力，更重要的，是他對圖書館的經營，有理想、有見地、有潛力。熟悉實務，比較簡單，懂得經營，就不是那麼容易了。何況，對圖書館學有基礎的人，實務只要一點就通了。圖書館的在職訓練，第一部份便是這「點」的功夫。把圖書館學校畢業的學生，從純理論與觀念的天地裏，帶領著進入實務的範圍，為他們的學識和能力，開鑿一條發揮實際功能的通道。讓他們理解，在圖書館學的範疇裏，理論與實務，如何地相輔相成，互為表裏。也讓他們知道，惟有透過實務的昇華作用，才能顯示理論的可貴和値得重視之處。這種在職訓練，使理論與實務結合，是眞正爲這些生力軍，開啓了貢獻心智於圖書館事業的大門，實在是太重要了。可惜的是，在目前的狀況下，沒有幾所圖書館眞正有能力實施這種在職訓練，人員素質不齊，缺少健全的中上級幹部，而且太多的都未曾受過專業訓練，因此造成「館」與「校」之間的不能銜接，在人員的養成和任用之間出現間隙，影響圖書館的事業發展很大。但是，不久以後，圖書館人員任用上了軌道，從這一方面加以努力，是十分值得而需要的。

其次，整體觀念的建立。在圖書館行政中，整體組織的觀念，是必須要建立的。任何一位館員，都應該明白，自己是全館的一份子，不能太重視本身，也不可以蔑視別人，人與己之間，要保持平衡而合理的關係，才能讓館務得到正常的發展。但是，如何而可以讓縱的、橫的關係都適當而合理，只有一種狀況，那就是瞭解整體的工作態勢，以及本身的工作地位。一位新館員，在剛到館的時候，要給他認識環境的機會，通常都是巡迴地讓他到全館各單位實習一段時間，最後才回到自己的職位。這也是一種在職訓練。當他回到自己的工作崗位時，對於全館的分工情形完全瞭然，對於工作上和別人的關係也充份淸楚。如此，他在整體的工作中，能夠善盡自己的本份，能夠和其他單位密切合作，也能夠體認工作的意義。這是講求組織，運用分工合作的先決條件。有的館長不能體會這一點，新人到館，一下子便安排進工作崗位，在他們的觀念裏，館員們能把自己的本份工作做好，這是唯一的要求。殊不知每人的本份工作，原本是全部工作的一個階段、一個環節、一個單位。本份工作是不是做得好，常不是只看自己的。例如你在圖書館擔任圖書採訪工作，有沒有做得很好，並不是單憑你自己所能決定的，圖書館的任務達成，首要的條件便是滿足讀者。從圖書資料的選擇來說，已經做得相當完善，能否滿足讀者的需要，則是另一個問題了。假使未能切合讀者的話，縱使買的都是好書，也沒做好自己的工作。還有些業務，彼此需要聯繫的地方很多，莫說不互相照應，定會影響館務的進展，就連偶有疏失，也常牽連甚多的。所以，對館員這種整體觀念的建立，是經營圖書館最不可缺少的基礎，列入在職訓練的重要項目，是理所當然的。

再次，工作處理的需要。從接觸面來說，圖書館工作和新聞工作，頗有相似之處。圖書館的蒐藏，包括了各種不同學科的知識，無論採訪、編目，以及參考都要涉及這些學問，正好像新聞工作一樣，新聞來自世界每一個角落，發生了各式各樣的事情，新聞工作者如果缺乏廣泛的常識，就將無法完善地處理。圖書館員的知識面一定要廣，對天下的萬事萬物，雖不可能樣樣精通，事事深入，不過至少應知道甚麼是屬於那一方面的。尤其在今日這個世界，知識達到爆炸的狀況，宇宙之間，包羅萬象，知識就像個火球一樣，向四面八方發射出去，造成空前的發展。圖書館員卻因此而遭遇到極大的困難，面對如此複雜而增長又極為急速的知識，眞有招架不住的感覺。唯一辦法，就只有靠圖書館員盡力去充實自己，隨時隨地，吸收新知。站在圖書館行政的立場，應該幫助館員們進修，適應工作的需要。目前，稍具規模的圖書館，也漸漸注意到館員進修的問題，常常利用機會，或者刻意安排，多半是集體的，實施館員們的在職訓練。不過，進修的範圍，每侷限在專業技能方面。像分類編目研討會，這一類的活動，現在就常有舉行。依我們的瞭解，圖書館員所急需的，恐怕不是專業知識，而是一般常識。大家都受過專業訓練，有能力接受新的挑戰，在技術工作上要有改進，也沒有多大困難。倒是知識的「汜濫」，讓圖書館員受不了。就以世界局勢的演變而論，事實的背後，又常蘊藏了不易瞭解的因素，一定要有系統地介紹，館員們才能吸收，這種非專業性的進修活動，也許更重要些。把這些納入在職訓練之中，必可使館員們拓廣知識的層面，增加工作的能力，對圖書館的經營，將有可觀的益處，是無可懷疑的。總之，館員們的在職訓練，無論何種方式，無論何種內容，只要熱心舉辦，仔細安排，都是有益的，而且是不可缺少的。假使再能按照上述的三方面加以處理，效果更是未可限量。

第五、考核方面。研究人事管理，必然討論到考核，而且很多人都認定，考核乃是人事管理中的最重要部份。他們直覺地認爲，考核乃是管理必須採取的手段。一位圖書館員，經過了甄選、任用與訓練，當然要查考其績效。這績效的考查，在人事管理人員的心目之中，相當重視，他們作爲考績、奬懲、調職、升遷的依據。誠然，人事管理，不談考核，等於農人種田，只種不收。其實，又何止於人事方面，所有的行政工作，都要注重考核。行政三聯制，計劃、執行與考核，便把考核列入在內。但是，如果把考核僅作爲效果的查驗，那只是消極方面的，考核還有積極的作用，而且這才是考核的眞正功能。在行政三聯制裏，考核固然省察執行的績效，考核的結果，更是下一次計劃的主要參考資料，所以考核這一個階段，實在是承先啓後的重要環節。就以圖書館人事考核來說，也有好幾方面的意義，也唯有認眞把握這些原則，才能達到人事管理的目的。

首先，對館員個人來說，考核是對館員任用的檢討，能力的瞭解，人才的發掘，升遷的依據。在圖書館裏，有時會聽說某一館員不能適應目前的職位，也許是能力的問題。從人事管理的觀點來說，我們無法同意這一個說法。因爲，館員對現有職位不能適應，不是館員本人的問題，是甄選沒有把握原則，是任用沒有符合要領，是行政人員的過失，要不是未盡職守，便就是有所偏私。所以，我們在人事考核的第一目的，就在檢討人員任用的狀況，是否能夠保持人與事最佳配合的狀況，職位的要求，與人員的專長，只要有絲毫的不妥，立刻要謀求補救之道，而且以後甄選和任用的時候，必得深切的檢討改進。同時，在考核之中，我們可以對館員們的能力，進一步得到瞭解，在工作的具體表現之中，更能夠發現過去未被察覺的才能，也許適合其他更重要的職位。所以，這也是人才的發掘。至於說考核的結果，也可以作爲人員的升遷依據，因爲我們必須瞭解，任用以後的實際工作，對館員來說，乃是一種訓練，一種再教育，我們任用一位館員，決不會以適合於現有的職位爲滿足，必然希望給予他更多的機會，發揮他更高的才能。如此，考核不是消極的，館員們不會厭惡考核，他們該明白，接受考核是一種義務，也是一種權利。義務也者，在圖書館裏工作的每一份子，都應該受到適當的監督，功效的查驗，保持良好的整體工作運轉體系。權利也者，工作的績效，可以得到公平的評鑑，肯定自己的貢獻，而且能夠獲致進一步發展的機會。人員的勤惰，業績的好壞，在健全的考核之下，把事實的眞相一一顯示出來，工作人員便一無僥倖依賴的心理，個個努力勤奮，正是人事管理的理想境界。

其次，對整個圖書館來說，考核具有兩方面的效果。其一是監督方面的，在我們討論建立組織的時候，便談到過監督的問題。監督是發揮組織功能的基本要項。在組織裏面，任用衆多的人員，擔任不同的任務，一定要每一環節都正常運作，才能發揮功能。要每一位人員都盡到職守，非加強監督無以爲功。但是，此所謂監督，絕非一般所說的從旁盯牢，不准放鬆，擺出上級的威嚴，甚至以考核爲手段，逼著大家遵守各種規定，達到工作上的要求。這樣，不僅無法達成人事管理的目的，基本就違反了原則，將會產生嚴重的不良後果。眞正的監督，是去認眞的體察每一職位的功能有沒有充份發揮，在整體的配合上能不能維持良好的狀況，眞的發現了人與事間的問題，便該虛心地檢討，不可以一味地把責任推諉到館員身上。換句話說，監督的着眼處，是在任務的達成上，而不是專注在人員的考核上。我們應該認定，圖書館的功能如果不能發揮，是人事的處理未見妥當，而靠着監督來發現癥結之所在。我們抱着這樣的態度來執行監督的任務，就不會像今天這樣，館員們把監督視爲可畏可懼的行政措施了。考核的效果，另一是精神方面的。勤勞奮發的館員，在認眞地工作以後，內心所企禱的，未必是物質上的酬勞，而卻熱切地盼望着精神上的鼓勵。公平的考核，能夠達到這一方面的效果。自己所貢獻的一份心智，在達成任務的過程中，能夠顯示出功能，而又在上級考核中得到肯定，是最大的慰藉，是促使他更勤奮工作的精神力量，是人事管理工作的命脈所在。同時，在考核之中，爲圖書館培植繼起的一代，也對館員發生精神上的激勵作用。考核的結果，我們可以發現，館員之中，有的人不僅目前十分稱職，而且充分證明他具有可觀的潛能，假使給予適當的培植和訓練，必能在圖書館事業之中有更大的成就，就應該給他機會。這絕不是出於私人的好惡，而是站在圖書館公務的立場，爲圖書館擢拔眞才，培養新生的力量，才是圖書館事業光明遠景的最可靠保證。也許沒有想到的，這種措施的結果，一方面固然使圖書館的力量生生不已，另一方面更激勵了館員們向上求進的高昂情緒。在圖書館的人事管理裏，沒有比這一點更可貴的了。館員們的心智，個個都是如箭在弦，對準目標，假使能再加上適當的誘導，尋找出正確的方向，圖書館的發展，必定是一日千里的。就圖書館的整體來說，這是一個何等美妙的境界。

圖書館的人事管理，要實施考核，是不待言明的。但是考核要如何實施，卻值得研究。正如前文所說，人事管理工作，在全部行政事務裏，最重要，也最麻煩。重要的是只要人事處置妥當，一切便順利運轉，成功在望。麻煩的是人事處理稍有不善，會牽連出無窮盡的問題，永遠沒法中止。人事問題的發現與解決，考核是必經的過程。考核要想能完美的實施，要有正確的觀念、要有公平的原則、要有深入的瞭解。考核進行有偏差，會遭致館員的怨恨與不平，是人事管理最大的忌諱。考核工作，眞是不可不愼，一切的成敗，都由此而起。

基於以上所述，人事管理的內容，和它的重要性，已經得到了肯定。我們願爲人事管理提供幾項原則：

在甄選方面：要公平合理，擢拔眞才。

在任用方面：要爲事求人，量才適用。

在訓練方面：要厚植基礎，發揮潛能。

在考核方面：要誠敬嚴明，鼓勵向上。

甄選的原則，必須確定，必須遵守；甄選的方式，只是一種手段，而且又沒有十全十美的方式，所以只要堅守公平合理的原則，便可以達到擢拔眞才的目的。任用的本質，是安排適當的人員，擔當特定的職務，促成任務的達成。所以要以事爲主體，用人來配合事的需要，總以發揮圖書館的功能爲前提。訓練的目的，在加強工作的效果，在提高人員的素質，在深植發展的基礎。把館員們個個都訓練成能征善戰的工作上的「勇士」，圖書館的功能，自然充份地發揮。考核的功能，在瞭解圖書館工作的實況，培養館員們熱誠工作、求進向上的精神。使館員們對自己的工作有信心，對圖書館的前途更有信心。本着上述的原則，認眞地執行人事管理的工作，無可否認的，仍將遭遇若干難以解決的問題，但原則是一切事務的核心，核心的力量，會逐漸地把困擾和糾紛消除於無形，爲圖書館的未來發展，奠定下穩固的基礎。

本章參考資料：

1. 民國三十六年四月一日教育部公佈圖書館規程
2. 民國五十八年十一月十七日教育部修正公佈各省市公立圖書館規程
3. 藍乾章編著圖書館經營法

4. 中國圖書館學會出版委員會編圖書館學
5. 張金鑑著行政學典範
6. Myrl Ricking and Robert E. Booth: Personnel Utilization in Libraries.

陸、財務處理

在圖書館行政裏，財務的處理，是除了人事管理以外，另一個最爲頭痛的問題。人事管理的困難，是要盡量擺脫情感的成分，完全秉公處理，使「人」與「事」得到最佳的配合，而獲致良好的行政效果。財務處理的困難，則比較偏重於事務的瞭解，輕重的權衡，緩急的分辨，本末的覺察，和法令的遵守。這些條件之中，關係到行政人員圖書館學的修養，實務的經驗，工作的習性，法令的瞭解，還有個人的智慧。純粹從圖書館學的學術立場來說，不大容易體會出財務處理是如何令人困擾的問題，可是事實上呢，太多的圖書館長，都成天愁眉苦臉地面對着財務問題，或則挖空心思去解決財務上的困難。其實，仔細一想，便可以瞭解這種現象普遍存在的原因。

首先，財務是處理一切業務的基本條件。我國有句古諺，最足以說明這一狀況，那便是「巧婦難爲無米之炊」。誠然，圖書館裏那一項工作，不是靠足够的經費支援，才能順利的推展。所以，每一位館長，都以爭取較多的經費，當爲自己首要的工作。在館內呢，各單位的主管，也都爲自己的工作單位爭取較高的經費配額。這本是十分自然的事，無可厚非。過去三十年來，我們的圖書館事業，不必諱言，發展的不够理想，大家不也都以經費不足爲最正當的理由嗎？誰又能說不是呢？沒有經費，任憑有多大的本領，也無法充分發揮功能的。在法令與規章的那一章裏，法令的作用，其中之一便是經費的來源。依據法令的規定，各級圖書館，都應該由上級主管機關支應，足見經費的重要，必須在法令明文規定。也由於這個原故，在圖書館員的心目中，經費簡直成爲推動業務的先決條件。其實，經費的多少當然很重要，但是以行政的觀點來說，經費寬裕，固然可以使得工作推展起來比較方便，經費短絀，也不能成爲工作完全不能展開的藉口。所以，把經費看得太重要，當然是不合適的。不過經費上常遭遇糾紛，倒是無可否認的。

其次，財務是永遠無法令人滿意的條件。當今圖書館的發展，正面臨着相當嚴重的經費困難。原因是圖書館所要蒐集的資料，由於知識發展的結果，不但類型複雜，而且數量驚人，所以花費在購置、整理上的費用相當龐大，沒有一所圖書館對自己的這項經費感到滿意。走遍天下圖書館，都在歎惜經費的不足。同時，讀者的需求增加，也使圖書館的經費更加捉襟肘見。社會環境變異，大家都需要知識，圖書館要服務來自各種不同階層的讀者，他們的需求不一，興趣各殊，圖書館想滿足他們，不但要蒐藏各種不同的資料，就連服務項目，服務方式，也在不斷地更新，以期能够提供滿意的服務。自然地，經費的支應，也大幅度地在增加，但是經費的來源，能不能成正比例的升高，無疑的，答案是否定的。這樣，圖書館員們對於業務推展，在經費方面的考慮就更多了。一方面，在財務的支援感到不滿意；另一方面，在現有的經費中盡力爭取較多的配額。圖書館裏，財務處理也隨之增加問題了。

再次，財務常被扯爲業務分工的條件。在圖書館的組織編制一章裏，我們已經確認，圖書館的業務，非藉組織分工，不能圓滿達成其任務。我們再三強調，組織分工，只是便於業務推展的手段，最終的目的，仍在整體任務的達成。可是，事實上，組織形成以後，各單位的本位意識，便隨着產生，總喜歡強調，自己的這一部份業務是最重要的，自己的這一部份工作是最繁重的，甚至過份輕估別人的，影響到正確的整體觀念的體認。如此心態，很多地方都表現出來，尤其在財務處理上，也常引起困擾。把經費的多少，當成是業務重要與否的象徵，幾乎演變成，不是爲業務而爭取經費，簡直就是爲經費而爭取經費了。其實，在圖書館裏，由於各單位的工作業務性質不同，所需經費也不該等量齊觀，如果平均分配，根本上便錯誤了。例如：圖書館的採訪部門，除了人事費用以外，大部份的經費，一定是投注在圖書資料的購置上，這也是圖書館主要經費支出的所在。其他的業務單位，雖然也需要足够的經費支援，但與這一點比起來，必須承認事實上的差異。所以，我們在前幾章裏，常提到要體認任務，互相溝通，密切聯繫，充分合作，彼此支援，其基本的用意，也就在此。在組織裏，本就不該有重要不重要的區分，更不可以用經費的多少，作爲業務重要的衡量依據。不過，有實務經驗的圖書館員，都不可否認遭遇過類似的情事，這也常造成財務處理上的困難。

總之，在圖書館的行政工作中，財務處理，麻煩，困難，也最難妥善，和人事管理，並爲兩大難題。但是，人事與財務，卻是圖書館行政的兩大基石，一切發展的希望，都寄託在此。同時，財務的處理尤有異於人事，因爲財務方面，牽涉到利益，易於產生弊端，法令的限制既多且嚴，更值得特別注意。爲此，我們提出幾點原則，作爲圖書館財務處理的參考，換句話說，也是要妥善處理財務，所必須具備的基本認識。

1. 瞭解收支實況
2. 遵守法令規定
3. 注意輕重權衡
4. 實施功效查驗

瞭解收支實況，是妥善處理財務的先決條件。一所圖書館，在每一年度裏，究竟有多少經費，經費之中，每一科目又各有多少，那些是固定而無法增減，也不可挪用勻支的，都應該有一個基礎的瞭解，才能進一步作合理的安排。正如一個家庭一樣，想做的事情，想要的東西，一定很多。到底能不能做，可不可以買，不單純決定於我們的意願，而牽涉到財務的問題。今日的圖書館，應該蒐藏的資料，値得推展的業務，實在是太多了，眞的那些能做，必須先考慮經費的問題。本來，完整的財務處理計劃，應該在編列預算的時候，便已完全確定的了。未來的一個年度，要做些甚麼事，需要多少經費，是在籌編預算時先考慮的。然而，在實行的過程中，仍有行政上運用的機會，這正是我們所要講求的。講求這些的基礎，首先便要瞭解收支實況。在財務的處理程序中，也有規定的方式，讓圖書館的行政人員，充份瞭解經費的收支實況，例如把編好的預算，分送館長及各業務單位，然後支付的狀況，隨時提出報告，使大家都能够切實瞭解。但是圖書館的從業人員，雖對於圖書館學的知識十分豐當，可是這些業務，他們卻常認為是事務性的，事務必須全力配合業務，所以在他們的心目中，不大會分出多少注意力，來留心這些狀況。如果負責財務的人員，也未能在適當的時機提醒注意，便容易產生不良的後果。他們純粹站在業務的觀點，執行一項工作的時候，為了期求更好的效果，有時會支出過量的經費，而使得其他業務受到影響，有時眞的得不償失。以圖書採訪為例，很多的圖書館，在年度開始的時候，採購的圖書資料很多，及至後來，便「力不從心」了。固然，原先所購置的圖書資料，並沒有絲毫的不當之處，因為從圖書選擇的立場，從館藏建立的觀點來說，沒有一種是不該買的。可是，後來，經費不足，又有了應該購置的，卻無法如願，這便是運用上的問題了。我們常聽到館員們說，現在不行了！只有等下年度的預算，就是這種不當的情形發生了。這只不過是圖書館經費運用的一個例子而已，其他類似的情況，又何止於此呢？根治的辦法，無他，惟有掌握住經費的收支實況。有的事情，後來還可以補救，有的則根本無法彌補，至少可能造成財務上的損失。比如，在價格比較優待的時候不能購置，便只有將來多支出了，甚至就買不成了。說得嚴重一點，很可能便影響到圖書館任務的圓滿達成，那多可惜。圖書館財務處理所牽連有關的業務，包括了全館的各工作單位，而業務之間互相關聯，實在不能容許任何部門有些微的缺失產生，更可見財務妥善處理的重要性。還有，行政工作之中，難免有臨時意外需要的發生，也都要在事先有所掌握，才不至於一時之間不知所措，或則影響到其他正常業務的推展。所以，我們在財務處理方面，首先便要求行政人員，要切實瞭解財務收支的實況，完全基於事實的需要，其中道理是十分明白的。但是偏偏常被大家所忽視，卒至使圖書館行政不上軌道，是相當遺憾的。

遵守法令規守，是妥善處理財務的必要信條。財務處理最大的忌諱，便是不諳法令的規定。前面說不瞭解收支實況，會造成圖書館經營上的損失，那還是僅屬於業務上缺陷，不深切認眞地檢討，是不容易察覺的，外人更根本不會發現，所形成的後果，完全隱藏在功能方面的，雖然也很嚴重，但至少沒有後「災」。財務處理上違反了法令的規定，隨著發生的，將是不堪設想的後患，輕則行政不能完善，重則連自己都可能要負起刑責。因爲財務的處理不當，常牽涉到「公」「私」兩方面。在「公」的方面，使經費的運用發生問題，無法得到預期的任務效果，對全館，甚至國家社會，都有虧職守。在「私」的方面，則更爲嚴重。因爲圖書館的財務，如果眞的牽涉到私利，就構成犯罪的行爲，要接受司法的審判。我國有句古話：「人爲財死，鳥爲食亡」。人之愛財，直如與生俱來的天性。但也正由於這個原固，有不少的警語，怕人愛財，失去應有的分寸。常言「君子愛財，取之有道」的話，便是大家最熟悉的了。政府爲了防止所屬機關學校，包括公立圖書館在內，在財務上發生問題，訂定了很仔細的法令，作成了很嚴格的規定，眞的令人頗有苛瑣的感覺。在圖書館行政裏，負責財務工作的人員，自然一定要熟諳這類法令的內容，就連館長本人，也必須具有基礎的瞭解。因爲，財務處理的業務，固由專職的人員負責，但是在經費的運用上，籌劃和調配等決策性的裁定，仍舊是館長職權範圍裏的事。館長能够熟悉有關法令的規定，有雙重的意義。一是消極方面的，防止做出不合法的事情來，惹得一身麻煩。有私心，圖謀私利，固然不可以，就連因疏忽而產生不當的情事，也應該盡力避免。這些都有賴於對法令的遵守，"遵守法令"必得熟諳法令。有時候，說起來都是些微不足道的事，可是政府爲了防微杜漸，卻很認眞地在限制和規定，也是不容許違反的。有些更是圖書館專業人員所不屑的，從圖書館經營的觀點來說，也說不定是有違原則，或則妨碍發展的，在一般人對圖書館不瞭解、不重視、或則不尊重的情勢之下，這些規定一時也不可能改變，我們仍得遵守，以免遭遇困擾。對於一些基本的處理原則，縱使我們有多少正當的理由，也不容許不遵守。法令總是國家維持紀律的準繩，特別是一個法治的國家，法令更是動搖不得的。另一是積極方面的，希望在法令規定的許可範圍內，使財務處理得越妥善，經費的效果發揮得越宏大，才是我們研究圖書館行政的目的。我們講求行政，簡單說起來，只有一個目的，那便是就現有的條件，能够運用得到最大的效果。行政中最重要的兩個因素，一個是人員，一個是經費。研究人事管理，便是要把人員的力量全部投注在圖書館的發展上，而沒有一點一滴遺漏和浪費。研究財務處理，便是要把經費的效用發揮到最高境界，而沒有一分一毫運用得不够妥當完美。如何才能達到這樣境界，那還是要求圖書館的行政人員，對法令規定要有深切瞭解，不只是條文的內容，而且包括眞正的內涵，然後我們才可望在合法的範圍裏，靈活地運用，機動地調配，把經費的支應，都保持恰到好處的高妙境界，這也正是我們處理財務，要從瞭解到遵守法令的眞正目的。行政便是講求這些的。

注意輕重權衡，是妥善處理財務的不二法門。正如前文所說，沒有一所圖書館，會滿意於經費的來源，換句話說，便是大家對於經費，都感到不够寬裕。但是，圖書館卻不可以推說經費不足，就放棄經營的理想。我們研究圖書館行政，討論到財務處理，最大的希望，正在利用既有的經費，得到最高的工作成就。也許有人認爲，這樣希望不是太玄了嗎？其實只要把握一個原則，注意輕重權衡，一定可以如願以償的。圖書館的經費有限，圖書館的業務卻是無限的，以有限的經費，來支應無限的業務，惟一的辦法，那便是先行權衡各種業務的輕重，然後抉擇推展。談到輕重，容易發生誤會，以爲在圖書館的業務之中，有重要與不重要之分。事實上，不是這樣。前文曾經強調過，在組織之中，各單位負責的業務，絕對沒有重要不重要的區別，連環在一起，互相牽連，都是重要的。那麼，輕重之分，又如何來說呢？此所謂輕重，實在是由本末的分辨而來。在衆多的業務裏面，有本末之分，是不容懷疑的。捨本逐末，是行政工作的大忌。以圖書館的任務而言，服務讀者是本，圖書館的創設，就是爲了服務讀者，舉凡一切的設施，莫不以提供良好服務爲宗。與服務工作的關係，愈密切、愈直接，愈是屬於「本」的工作。在本書的甲編裏，我們要求圖書館的行政人員，瞭解圖書館學的理論，熟悉圖書館的實務，體認圖書館的任務，也就是幫助培養分辨本末的能力，實在是很重要的。確實有些圖書館，館員們終年辛勞，舉辦了很多活動，的確也都是與圖書館任務有關的活務。從理論上來說，圖書館的這些活動，是正確的。可是，如果認眞檢討起來，便會發現有值得研究的餘地，爲了舉辦這類活動，忽略了其他更基本的一些業務，就有點本末倒置了。因爲這樣的結果，會影響到達成任務的圓滿程度。還有，假使我們能夠優先從事一些基本的工作，可以使得其他枝節性的工作跟著完成，反之，則不然了。當然，這些原則說起來容易，做起來卻不簡單，就完全靠行政人員的智慧了。

特別是現代的圖書館，內外的各種因素相當複雜，眞的還很不容易做出適當的抉擇，一定要眼光遠大，能够掌握機先，搶前一步，便能把圖書館的工作環境，應付得頭頭是道，否則的話，一直在後面追趕，永遠不能處理得宜。這都是靠我們在輕重權衡之中，本末分明，循序發展，才能得到的結果。我們研究圖書館學，希望大家當一位優秀的圖書館員，而不是一位圖書管理員，行政工作的講求，都是以此爲目的的。圖書館的工作，千頭萬緒，百廢待興，而經費卻如此有限，就更要從中愼重權衡了。我們常聽到處理財務的人放在嘴邊的一句話，該花的錢，一毛也不省，不該花的錢，一毛也不花。該與不該便是輕重的權衡，輕重的權衡，人人都會，建立合適的權衡標準，就不是人人都能的了。圖書館講究財務處理，自然就是希望大家都能够把握住原則，牢牢地釘住最妥貼的權衡標準。此中的出入，實在是太大了。

實施功效的查驗，是妥善處理財務的終結考核。研究圖書館行政，強調財務處理妥善，便是期望圖書館的經費運用，能够獲致最佳的效果。效果是否眞的良好，要靠查驗才能得到答案。行政三聯制，更是把考核當爲行政的重要環節。在財務處理方面，考核查驗的工作，尤其顯得應該重視。原因是我們的經費不够充裕，一分錢想當三分錢花用，那裏容許有絲毫的浪費，或者運用不當。過去，我們圖書館的發展未見完善，大家都歸咎於經費的不足，這也是必須承認的事實。可是，一經對經費的運用效果加以查驗，就可能發現另一個事實，在現有的經費裏，運用得不够理想，是更可惜的。經費沒有辦法增加，不是我們圖書館員自己所能解決的問題，眞是所謂力不從心。經費怎樣運用才最有效，卻是我們的本份，不能委罪別人。再說，如果經費增加得足够使用，而圖書館仍然未能善加處理，有再多的經費，也未見得就能使圖書館經營得像樣。行政的最高境界，是花最少的錢，要得到最好的效果。所以，我們抱怨沒有得到應得的經費，是枉然的，想方法妥善處理財務，才是根本之道。

實施功效的查驗，更是關鍵之所在。談到查驗功效，恐怕也不是目前一般所說的績效統計。因爲，圖書館是一種文化事業機構，文化事業的成就，常沒有具體可見的形象，要加以查驗，相當困難，必須瞭解圖書館任務的特性，方可以得到客觀公平的評估。目前，我們考量一所圖書館，先查問館藏的數量，每年支用了多少經費，增加了多少，用來作爲功效的查驗。再檢視讀者的人數，進館讀者的多少，這就是圖書館使用的頻率，也用來作爲功效的查驗。又統計流通的册數，瞭解資料利用的情形，認爲這是圖書館功能的眞正發揮，也用來作爲功效的查驗。誠然，從這些角度，是可以對圖書館加以評量。但是，往深一層看，也許沒有能切實地查驗出功效的好壞。特別是圖書館本身自我檢討，應該還有其他途徑。以圖書館的館藏而論，量多固足可喜，質精尤爲難得。所謂質精，除了館藏資料內容够水準以外，要注意其可用性。因爲惟有可用性高，才能發揮圖書館的功能。有的圖書館藏書相當豐富，所藏的也都是好書，可惜使用的不多，仍舊說不上是健全的館藏。大多數的書，都很少使用，館藏的數量多，也等於少。像這一類的問題，在查驗功效的時候，就値得特別注意了。圖書館的功能，常是無形的，一定要深入體察，才能發現功效的所在。不過無論如何，功效的查驗，仍然是需要實施的。認眞查驗功效，就能檢討財務處理的狀況，旣已支出的經費，雖然無法補救，未來的業務，卻可以防患於未然。所以，查驗功效，注意財務處理的結果，不僅是消極的檢討，重要的是積極地爲未來的財務處理尋求出正確的方向，藉著查驗功效爲手段，使得圖書館的經費，在發展圖書館事業中充份顯示其效果，這正是研究財務處理的眞正目的，爲良好的行政工作奠下穩固的基礎，減少因財務而引起的糾紛，促成全館業務單位的精誠合作。

除了上述的這些原則以外，在財務方面，還有有些應該注意的地方，也是處理上必須瞭解的，要在這裏簡單地說明一下。負責圖書館行政的人員，都專心於圖書館學知識的鑽研，這些事務性的工作，既沒有專門的課程講授，也不大受到重視，都是等到要眞正處理的時候，才發覺竟是如此的複雜。而且這種經驗，還不容易找到別人傳授，要靠自己去親自經歷。經歷之中，難免遭遇因疏忽而引起的缺失，經驗的得來，每付出了相當的代價，更有在此簡單介紹的必要。

在財務處理上，首先大家談到的便是預算，其實預算之前，還有概算。所謂概算，是圖書館編擬的初步財政收支計劃書，也就是圖書館對收支的估計數。說到這裏，有一個觀念要先予澄清。概算與預算，表面上看來，完全是財務上的一份資料，處理財務的依據。其實，概算與預算，財務只是外形的象徵，實質上，代表著業務上的目標，工作上的理想。比如國家的總預算，固然是全國收支的全部狀況，但也正代表著國家的施政計劃。總預算裏，文化教育的比例增加，表示政府加強文化教育的措施，才編列較多的預算數字。所以，預算的眞正內涵，是工作業務的計劃，不要把它單純地當作財務的分配而已。圖書館的概算和預算，也是一樣，並不是把所可得到的經費，隨著工作的分組，加以分配，供大家運用。眞正的編列概算和預算，應該先考量工作的計劃，而工作計劃的擬訂，是根據任務而來的。我們研究圖書館行政，一開始便強調要體認任務，用意也就在此，處理財務也要以任務爲基礎。瞭解了任務以後，便着手擬定工作計劃，計劃旣定，才從而編列概算和預算。因此，立法院審查國家總預算，不是一分一文的斤斤計較，而是對國家施政方針的修正。圖書館呢，從編列的概算和預算裏，可以理解圖書館的工作理想，也可以發覺館長對圖書館經營的構想。因爲，經費的分配，比例的多少，正代表著館長的意願，也說明了，在他的心目中，怎樣才算是把圖書館經營得理想。基於以上所述，我們應該有兩點認識：一是概算和預算從另一角度代表了工作計劃；一是編擬概算和預算不應該認定爲只是主計人員的責任。一般的圖書館員，把自已視爲圖書館的專業人員，是圖書館的主幹，而財務方面的事務，是事務性的，不屑一顧。如今我們知道了這些事務和業務之間的關係以後，就要改變我們的觀念，把各單位的工作計劃，彙合起來加以統整，而成爲全館的業務計劃，配合概算和預算的編擬。惟有雙方面密切的合作，才能有良好的作業，只靠主計人員是不行的。談到這裏，關於主計人員的問題，也要簡略地說一下。圖書館的主計人員，按照國家現行的制度，不是館長聘請來的，而是由上級主管機關派來的。主計人員在各機關學校裏，包括圖書館在內，身份顯得有點特殊，原因也就在此。無可諱言的，政府把主計系統，和人事管理一樣，從一般的行政組織裏獨立出來，自有其特別用心。制度的問題，不該討論其好壞，只該考查每一制度的優點和缺點，儘量發揮其優點，也力求隱藏其缺點，因爲我們必須承認，天下沒有十全十美的制度的。有時候，我們讚賞一種制度的優點，同時心理上就該有準備，要忍受這一制度的缺點。主計制度的目前狀況，正是利弊互見的。圖書館的行政人員，對於這一點要瞭解。主計人員的職責，綜合起來，不外兩方面。積極方面，是協助圖書館把財務工作處理好，充份發揮財務的效能。國家任命一位圖書館長，主要的依據，是他對圖書館的專業知識，請他推動圖書館的專業事務，達成圖書館的任務。這種受過專業訓練的館長，能對事務性工作也處理妥善，當然最好，可是往往可遇而不可求，就只有不得已而求其次了，政府派主計人員來館，協助館長處理這一類事務，就十分需要了。所以，主計人員的首要任務，是做一名良好的館長財務助理，共同的目標，仍在圖書館的任務圓滿達成。消極方面，不必否認，是監督圖書館的財務工作。我們曾經提到，財務處理，極爲困難，又容易發生弊端，政府要設立專責機構加以監督，也是必要的措施。法令規定，圖書館的經費支出，都要得到主計人員的同意，就是着眼於這一點。問題也常由此而發生，主計人員熟悉的，是主計法令，一切的財務處理，必須合於規定，而主計人員卻未見得眞懂圖書館的經營，雙方就不免意見相左。有的主計人員，只記得監督的任務，而忘卻了協助圖書館達成任務的使命，形成圖書館財務處理不協調的現象，眞是本末倒置，未見其利，先蒙其害了。圖書館員和主計人員，如何溝通，是急需解決的一個問題。要求雙方互相瞭解，密切合作，一切以發揮圖書館的功能爲依歸，才是最好的途徑。在研究圖書館的財務處理中，希望圖書館員主動地參加概算和預算的編擬工作，也是這個道理。否則，等到一切定規以後，再發生爭執，一邊說是業務需要，一邊說是法令規定，相持不下，既傷和氣，又於事無補，更加違反了圖書館行政的原則。在此，要順便提一點，圖書館重視專業人員的觀念，過份了，也是不健康的。現在，我們再回過來介紹概算和預算。按照目前的規定，概算約略要在年度開始前半年便要編擬完成。根據未來一年的工作計劃，估算經費的約數，送請上級主管機關核定，便於政府統籌支配。因爲這是一份收支的計劃書，自然沒有詳細的內容，精心的設計，只有概略的估算。在概算核定以後，便要從事預算的編擬了。但是預算的編擬，必須要通盤的籌劃，在概算數字之內，作合理的分配，前文說要注意權衡輕重，便表現在這裏了。概算核定的經費數額，絕不可能爲理想的那麼多，要怎樣分配，怎樣分配才合理，才合乎經營的原則，才能夠達到理想的成就，這就要我們運用智慧了。預算編列的原則決定以後，主計人員開始編擬。圖書館編擬好的預算，尙不能算爲定案，要呈報上級主管機關彙轉，請相對的民意機關審查。如國立中央圖書館的預算，由立法院審查；省立圖書館的預算，由省議會審查；餘類推。審查通過的預算，才算是定案。新年度開始，就執行新的預算。會計上的年度，也很特別，和我們一般使用的年度不相同。通常所說的年度，是日曆年度，從一月一日起，到十二月三十一日止，算是一個年度。我國的學校，有學年度，比如七十年八月一日，至七十一年七月三十一日，是七十學年度。會計年度，則又不相同。七十年七月一日，至七十一年六月三十日，是七十一會計年度。民意代表機構審查預算，一定要五月底以前，通過下一年度的預算。審查通過了的預算，便要照著執行，非不得已，不得變更，變更有很多嚴格的限制，也有規定的手續和程序。照著預算執行，一個年度完了，要編制一份決算。決算就是會計年度的結算報告。圖書館在預算執行以後，將收支情形編造爲結算報告，送請上級主管機關及監察院審計部查核，以檢查其有無錯誤與違失，或與預算不符之處。所以，決算乃在表現預算執行的結果，也可以說是工作計劃的查驗。從預算的角度來說，決算是對照預算所作的對比，從工作計劃的角度來說，決算正是行政效果的查核，決算的作用，實在是多方面的。如果只用來查核預算，就有點可惜了。圖書館員們，往往都疏忽這一點，把決算的編造，當作是主計人員的例行報告，而與業務單位，毫不相干，那就錯誤了。我們研究圖書館行政，主要的就是在尋求建立館內各單位的正常關係，藉著運轉和聯繫，獲致良好的效果。我們平常考查圖書館的行政效率，大都着眼於館藏數量，讀者人數和流通册數，殊不知決算也是一份重要的考核資料。舉一個例來說，當初編擬預算的時候，有多少經費用來購置圖書資料，在工作計劃中，更預定這些經費，購置多少數量的圖書資料。現在預算執行完畢，在編造的決算中，要查核這些經費，是否如預算所列都用以購置圖書資料了，假使答案是肯定的，還該進一步查核，購置的數量，是否和工作計劃中的大致相符。如果沒有，原因何在？假使預算中的經費，根本就沒有全用來購置圖書資料，就更該查詢到底，追究出原因來了。缺少正當理由，便證明是行政效率發生問題了。這就是決算多元功用的一個例證，決算以預算爲張本，以會計爲根據，以審計爲歸宿，四者連貫一氣，環節相依，構成財務處理的完整體系。下面我們便來介紹會計和審計。會計制度，就是對經費收支數目、性質、用途、關係等作準確而迅速的記載與報告的程序與方法。會計是一門科學，高深而專門。會計用科學的方法，對財務的收支，作明確的分析、比較、研究、並決定其意義、性質、作用及方式。會計與簿記不同，簿記僅爲會計過程中一項機械性的記錄而已，尤其偏重於事務性的執行，而不若會計有自由裁量和創發思考的特質。會計在財務處理的過程中，佔有相當重要的地位，一般都以爲是由於對財務有監督權，其實，會計之所以不容忽視，是因爲能對整個的財務，作深一層內涵的分析。本來嘛，如果會計只是管一管經費的收支，藉着簿記的資料，掌握經費的結存情形，那就不成其爲會計了。會計的功能，除了控制經費的收支以外，還要從各種的分析和比較，尋求出經費的功能來。如何支用，支用多少，效果能否達到最好的程度，都可從會計報告中得到。因爲，在財務處理中，有人以爲錢用得多，便可以得到較好的效果，實際上，未必盡然，錢花用得多，不一定就能使效果成正比例增加。假若花用了大量的經費，而得不到對稱的效果，這正是會計中所要尋求的，因爲那是浪費。再說，眞的只要有足够經費，就可以辦好事，那行政不是太簡單了嗎？行政工作還需要什麼別的？只要忙着爭取經費就可以了。我們研究圖書館行政的人，多半把注意力集中在專業的部份，全心全意在加強館藏的建立，整理的完善，和服務的加強，鮮有館長們眞正重視會計的工作，常想到會計，也是爲了經費支出的問題，而不是想從會計的業務之中，對圖書館業務的推展深入檢討。再說，假如像前文所說的，業務人員和主計人員之間，因爲立場的不同，觀點的互異，瞭解的不够，溝通的不易，常在圖書館的財務方面，引起爭執和誤會，那是很值得重視的，無論如何，這都不是良好的圖書館行政裏應該有的現象。會計是全館財務的神經中樞，灌輸他一些專業的觀念，等於多安排一個正常發展的機會，活動起來便像生龍活虎，把圖書館立刻充滿生氣蓬勃、欣欣向榮的新氣象。在會計的法令裏，他們要編造各種不同的報表，這裏不想詳細敍述，那些確實是屬於會計工作的範圍，不勞我們費心，但卻要經常查閱這些報告，瞭解財務的狀況，檢討館務的發展，發揮會計的功能。關於審計，一般的圖書館員，可能都比較陌生，原因是審計的工作，會計工作人員以外，只有總務部門，常和他們保持接觸，其他的就很少關聯了。審計工作，有幾個特點。首先，審計工作的執行，是由行政體系的另一系統，也就是監察院的審計部負責。審計部獨立在行政院的系統以外，保持超然的立場，以便嚴格執行審計工作。這和主計不同，主計的系統，雖然和圖書館的行政系統不相統一，而且執行的也有監督的任務，但是主計仍舊是以協助行政爲第一目標，又是同屬於行政院的同一系統。審計部則不然，屬於職司彈劾糾舉的監察院，與行政部門是相對的，其目的是可想而知了。其次，審計的工作，不但是財務處理的最終考核，而且是最細密的考核。審計人員要查核圖書館的會計記錄，會計報告，以及憑證等一切有關的資料，甚至財務收支的事實經過和行政的效果，都要詳細地作系統地客觀的審核和檢查。在理論上，圖書館的財務，在審計工作的過濾之下，幾乎可以說絕無讓不當事件遺漏而不被發覺的可能。審計工作，對圖書館事業的檢討作用，也是相當値得注意的。再次，審計工作，對行政人員責任的認定，十分重視。審計工作的進行之中，如果發現不法的情事，除去糾舉財務處理不當以外，還要追查行政人員的責任。相反的，通過了審計工作，會得到合法的證明；財務處理人員的責任，也得到法定的解除。這一點，在圖書館行政裏，最要加以注意，原因很簡單，我們的圖書館行政人員，通常不瞭解、也不重視主計法令，犯錯誤的機會相對地加多，一日未通過審計工作，均表示責任沒有解除，總是一個心理上的負擔。這樣說的話，審計工作的結果，乃是我們合法處理財務的肯定，這就顯得更有意義了。審計的工作，又分爲事前審計和事後審計兩種。事前審計，就是當圖書館的財務工作，還沒有正式執行以前，先要接受審計人員的核定，才能進一步去處理。例如圖書館要與建館舍，工程招標，要邀請審計人員參加監標。審計人員甚至有廢標的權力，擇期另行招標。像一座圖書館建築，按照審計人員的計算，工程費至少需要多少，而開標的結果，卻低於底價太多，審計人員認爲這是不可能的事，決標了，將必會引起不良後果，他就可以廢標。還有，圖書館支付經費，在付款前，也要經過審核。這些都是在事前加以審核，當然並不是每一件事都需要事前審核的，法令中也都有明白的規定。事後審核，則是在財務處理之後，把支出憑證按月彙齊，送請審計機關查核。發現有不法或者違失的地方，退還各圖書館，而由行政人員負責。同時，審計人員還可以定期到館，檢查帳簿及有關記錄，看記載是否正確。現金物品之結存數目，與帳面是否相符。各種收支計算方法，有無錯誤。各種資料的保存，是否適當。總之，在財務處理之中，審計工作是極爲重要的一環。圖書館在接受審計工作進行的時候，一方面要認眞配合，以期收到確實的效果。一方面要藉著審計工作的結果，進行本身的檢討，不可認爲這是別人對圖書館的一種監督，而要當作是幫助我們更順利達成任務。其實就說是監督，也沒甚麼不好，行政體系裏，本來就講求監督，監督是增加功效的良好途徑。其他，在財務處理中，還有科目與流用的規定，也應該瞭解。在編擬預算的時候，把全館的經費，分列在不同的項目之下，作爲各項支出的預備，這種不同的項目，便是預算上的科目。圖書館在推展業務的時候，要支用經費，就要先查出業務所屬的科目，在這一項目之下動支。前文裏，曾經提到預算要按照工作計劃編擬，就是這個原因。預算和工作計劃未曾密切聯繫，一定會出現預算中各項經費和工作不能配合的情形，業務就難以順利推展了。在預算裏，科目是骨架，經費按著科目順序編列，條理分明；科目是界限，經費按著科目開支動用，不容混淆；科目是綱紀，經費按著科目開支動用，不准違背。不大瞭解會計法令的圖書館員，只曉得館裏還有經費，就可以動用，不理會計科目的限制，是不對的。甚至因此而對主計人員不滿，認爲在故意刁難，那就更加錯誤了。是的，在預算的範圍內，有流用的規定。所謂流用，是在一個預算科目因節省或延遲使用而有餘額的，而另一科目因物價波動或者估計不足而有短缺的，可以用有餘補不足，這種因應的措施，便是流用。在預算法第十三條，本有明文規定：「總預算歲出各科經費，不得互相流用。」所以，流用本非常制，乃不得已而爲之。政府有積極性的規定，比如各圖書館在執行分配預算的時候，其歲出用途中，同門各科目中有一科之經費不足，而其他科目有剩餘的時候，經原核定分配預算之機關或長官核准，方得流用。也有消極性的限制，比如臨時門的歲入，非因預算年度有異常情形，不得充歲出經常門之費用。再如任何經費不得流用爲人事經費等等。我們處理圖書館的財務，一定要嚴格執行預算，不可指望流用。本來嘛，流用如果過份浮濫，漫無限制，這預算就不必編擬，再加上立法機關的審查了，乾脆就撥給圖書館多少經費，任憑自己去支用好了。編擬預算，自始就是除了核發多少經費以外，還在規定各種經費的用途，以符合原始工作計劃的需要。還有一點，也值得一提，那便是我們常聽到圖書館員說，某項工作原編預算不够，或者預算有結餘，這也本是常有的現象，當然數額不多，無可厚非，那有算得那麼巧的，一文也不差。但是，數額如果多了，從預算制度來說，就值得檢討了。有餘或者不足，都是預算編擬不確實，或者執行有差失。預算就是對於財務管制的一種制度，常有不當的情形出現，預算還有何意義。記得有一年，某機關的預算有大量的結餘，經辦的人員，曾經得到獎勵，眞是天大的笑話，後來政府也發覺這一點，立刻予以糾正，這都是建立預算制度，所必須具備的常識。我們處理圖書館的財務，也要具有這些基本的觀念。

有關財務處理的法令，規定得極爲詳細，而且都很嚴格，我們研究圖書館行政，沒有需要，也不可能逐一地瞭解得一淸二楚，不過負責行政事務，必定牽涉到財務工作，而且財務處理得是否妥善，直接影響到圖書館經營的成敗，就不能不對這些原則性的要求，進一步求得正確的認識了。至於那些業務上的規定，就留待主計人員去注意。在本章的結尾，我們還要強調一遍，在財務處理上，有關的法令規定，是行政人員必須嚴格遵守的，但是僅止於遵守法令，並不就是財務處理得很妥善。財務行政講求的目的，是在充份利用圖書館的每一分錢，發揮最高的效能，獲致最大的成果，要達到這個目的，除了遵守規定以外，還要注意前文所說的一些原則。遵守法令，是避免發生錯誤，只求不錯，不够積極，要在合法的範圍內，運用我們的智慧，活用原則，爭取理想的成就，才是高級的行政處理。財務行政工作，雖然困擾過不少的圖書館員，只要我們有辦法、有信心，相信一定會突破這個難關的。

本章參考資料：

一、張金鑑著行政學典範

二、藍乾章著圖書館經營法

三、預算法

四、中國圖書館學會出版委員會編圖書館學

五、王振鵠編著圖書選擇法

柒、建築設備

一、建　築

今日的圖書館建築，爲了適應業務的需要，促進功能的發揮，必須具備一些與其他建築不同的特點，而成爲一種特殊的建築。回顧我國過去的圖書館在蒐藏方面有很輝煌的成就，但是由於保存文獻，是首要的任務，再加上敎育沒有普及，知識不够發達，使用圖書館的讀者，在整個人口的比例之中，所佔比例極小。圖書館的活動，既偏重在蒐集和整理的工作，使用的場所，就無須乎特別的講求，所考慮的只是富麗堂皇。因爲古代的藏書，多在宮廷，爲了配合其他建築，使得藏書的場所，也十分引人注目。特別在從前的社會裏，認爲蒐藏圖書，是一件神聖的工作，氣氛就要保持嚴肅。所以，古代藏書的館閣院殿，莫不畫棟雕梁，金碧輝煌。再以私人藏書的場所而言，多爲富豪之家，雖不能與宮廷相比，也多半相當豪華。從史籍的記載裏，我們可以得到明確的證據。不過，這些建築，是說不上有多少圖書館的特定要求的。現在的圖書館，情形就完全不同了。爲了業務的需要，有爲作業的方便，有爲典藏的目的，有爲讀者的便利，都要求圖書館的建築，從設計之初，就必須考慮這些因素。現在的困難，是缺少專業的建築師，我們的建築設計人員，常常是什麼建築物都設計，而缺少專業的劃分。例如，我們要建築一所圖書館，而沒有專業的圖書館建築師，那麼問題便發生了。圖書館員對圖書館建築，有很多專業性上的要求，也就是要圖書館建築有很多特點，提供給建築師作爲設計時的參考，可惜建築師們在聽取這些意見的時候，都表示一一可以接受，要依據種種的要求，在設計中表現出來。然而，結果是什九均不如理想。原因是建築師的腦子裏，缺少圖書館學的概念，他們不知道，圖書館員的意見，是基於工作上的考慮，如果不是這樣，圖書館員日後會受盡工作上的折磨，當然也影響到業務的績效。另外一方面，也由於圖書館員缺少建築上的常識，一般的圖書館員，看不懂建築設計圖的，也比比皆是。等到建築完成以後，才發現太多的地方不如理想，修改起來不僅十分困難，有的根本就不可能。如此，圖書館建築的問題，實在相當困擾，恐怕短時間內也沒有解決的可能。學圖書館學的，不大有機會再去學建築，而目前國內的情形，要想學建築的人，再來學圖書館學，也極爲渺茫。實在國內圖書館建築需求的數量有限，現有的建築師，那有興趣專注在圖書館建築上呢！加上，過去的圖書館員，有的連自己也沒有接受過完整的專業訓練，縱使科班出身的，或者圖書館學校畢業的，沒有強烈的經營觀念，也較少對圖書館建築那麼挑剔。還有，圖書館長久以來都不受重視，現在有一筆經費，建了新館，心裏已有一股無法言表的滿足，就不願再來挑剔了。其實，我們在此強調圖書館建築的特性，無非是從兩個立場出發的。首先，從行政的立場來說，研究行政的目的，就是希望在最少的人力和財力之下，獲得最好的效果。我們現在有幸爭取到一筆經費，用來營建新館，何況多半是得來不易，也明知這次建館以後，絕少機會再另行改建，怎能由於本身疏忽，而造成無可彌補的缺失。況且，館舍建築不理想，是永無止境的後遺症，在人力上的浪費，在績效上的減少。所以，我們一定要事前縝密的設計，事後嚴格的要求，不達到理想的境界，絕不輕易甘休，除非萬不得已。這才符合行政的原則。其次，從工作的立場來說，如今我們對圖書館建築有偌多的要求，就是希望圖書館建築，消極地不要影響工作的進行，積極地增進工作的效果。較早的時候，我們見到很多的圖書館，都是一大間統艙式的房舍，裏面是書庫，中間是工作室，用出納臺隔開，外面是閱覽室，我們不也照樣在推展圖書館的業務嗎？但是，我們不滿意，尤其在圖書館事業發展到目前的階段，我們不能滿意。圖書館有很多的工作理想及不同的工作方式，希望得到更豐碩的工作效果，都不是這種館舍所可能施展出來的。我們講究圖書館建築，不是因爲當今經濟能力寬裕了，要擺出場面，顯示闊氣，完全是出於工作上的需要，爲工作的效果而設想和要求的，理由十分正當。說到這裏，我們想提出兩點，說明圖書建築的特性。一是專業性，一是公衆性。所謂專業性，正如前文所說，圖書館的設置，在今日社會裏，已成爲一種專業機構，從資料的蒐集、整理和典藏，都需要專業的技術，尤其現在資料的類型複雜，質料不同，在處理和保管上，都存在著不同的需要。比如過去的圖書館，典藏的資料，幾乎全是圖書，圖書的保管，最怕的是水、火和蟲，怕潮濕，怕火燒，也怕蟲蛀。在館舍的建築上，要向陽，但要避免陽光直射；要通風，但要防止風沙飛揚；加強防火設備，存放四庫全書的館閣名稱，多半有一個水部的字，不知道是否就有這一層意思；防蟲的措施，也多由防潮著手。有了這些安排，便已經十分理想了。可是，現代的圖書館，典藏的資料，有了太多的改變，例如常見的影片，就不是這些原始的設計，所可以成功的了，甚至天然的環境不够理想，要靠人爲的方法來控制。再如服務的方式增多，讀者聽錄音，要有隔音裝置；讀者看影片，要有遮光設備，這些都是從前的圖書館員，所從來沒有想到過，今日卻是不可缺少的。此類專業上的要求，不一而足，都是圖書館建築的基本考慮，不容稍有疏忽。我們所見的圖書館建築，最常不能令人滿意的，也就在這些地方。其實，建築的專業性要求，也不限於圖書館，像醫院、學校、體育館、甚至一般住宅，也是一樣，而且也很容易理解。至於公衆性，也是圖書館建築的一大特性。有些專業機構，爲了工作的需要，建築上要有特殊的安排，也並非極度困難的事，因爲只要能够滿足他們的要求便可以了。圖書館卻除了這一點以外，還要適合公衆的使用。像一個實驗室，工作的人員不多，也甚少跟外界接觸，有時根本拒絕外人參觀，所以建築的設計，要求雖然很多，卻也單純。圖書館呢，就不一樣了。既要符合專業的需要，又要適應公衆的使用，兩者之間，有時要設法加以調和。因爲圖書館爲讀者而設立，圖書館的所有工作，都是爲讀者而做的，讀者利用圖書館，才是圖書館工作的主體。一所圖書館的建築，如果在讀者使用時感到不便，那是一大敗筆，而且幾乎可以說，違反了基本的原則。讀者來圖書館，最常利用的，是那些部門，是那些資料，這些部門應該安排在甚麼位置，這些資料應該陳列在甚麼場所，都是在建築設計之初，値得留意的。公衆使用，又如何不致影響館內業務的進行，而業務進行，又如何不與讀者大衆脫節，在在都是需要思量的。研究過了基本特性以後，圖書館建築還有一些要分項說明的，現在列述如下：

堅固：任何一座建築，一定要堅固，這是最簡單的道理，圖書館當然不能例外。現在的建築，不像我國過去的那樣，都是經過仔細的計算，設計而成的。從前，我國的建築，缺乏科學的知識，簡單的建築不說，只要是重要的建築，都用最好的建材，而且沒有限制地好，盡量地堆砌上去。所以，古代的建築，常留存好多年，成爲著名的古蹟，如果從現在的眼光來看，恐怕有浪費的情事。現在，只要稍微正式一點的建築，一定都是經由建築師設計，然後在嚴格監工的情形下完成的，照理說應該是沒有安全的顧慮的。可是，問題在我們圖書館員根本不懂建築，甚麼鋼筋的粗細，混凝土的成份，以及其他建材的選用，施工的品質，我們都無法參與其事。職是之故，圖書館在建館的時候，必須選擇優秀而可信的建築師，委託由其代爲設計和監工，以確保工程的安全無虞。因其優秀，所以設計建造的館舍必然在理論上無可擔心之處；惟其可信，所以施工監督的責任必然能够善盡。這樣，圖書館便已盡人事了，安全的要求，雖然誰也不敢保證，不過如此謹愼將事，也就無虧職守了。從堅固這一方面來說，圖書館倒沒有甚麼特別的要求，因爲圖書館用來典藏各型的圖書資料，提供讀者閱讀場所，均屬於靜態的活動，不致於使得建築物發生任何問題的。但是，無論如何，堅固和安全，仍舊是值得重視的。

經濟：此所謂經濟，不是在建築費用上求得節省，節省建築費，會造成工程品質的降低，是不安全的，在建築費上，我們只能要求合理。那麼，何謂經濟，是指空間的運用而言的。圖書館的建築設計完成，建築面積便已固定，是無法改變的，不能增加，也不會減少。不過，就使用來說，就大有出入了。善於使用的，能夠把每一寸空間都加以安排；不會使用的，不知不覺就浪費了不少。同樣建築面積的館舍，使用的情形，會差得很遠。我們在此提出經濟的原則，便是從這一瞭解上出發的。要想能夠在使用上合乎經濟的原則，也不是等館舍完工以後才安排的，必須在設計的時候，就考慮得週全才辦得到的。有的圖書館在建築以後，才開會分配辦公廳舍；有的圖書館，辦公室，閱覽室，時常搬動，恐怕是缺少計劃的證明。有計劃的建築，必然是先安排好的。圖書館的工作項目很多，方式不同，隨便一塊牆壁，一道走廊，或者一個牆角，都可以安排出適當的用途來。特別是今日地居海島，寸土寸金，有機會取得一塊基地，建一所圖書館，不把空間作最經濟的利用，就等於浪費，實在是太重要了。研究行政，就講究這些地方。何況，往後的圖書館，恐怕甚麼問題都容易解決，只有空間，不可能無限制地隨著時光的流逝，成比例的增加的。全世界的圖書館，現在不知有多少正在爲空間不够而發愁，因爲隨著知識爆炸，有永遠蒐集不完的資料，莫以爲我們的圖書館資料不够豐富，轉眼間就會遭遇同樣困擾的。經濟地使用以後，仍感空間不够，那是莫可奈何的事，不知經濟地使用，就該自我檢討了。

美觀：圖書館建築，要求美觀，大家請不要誤會，以爲圖書館的館舍，好像一定要達到某一程度美觀的標準。其實不然，我們所說的美觀，是指圖書館的建築，一定要有特別的氣質。圖書館究竟是一種文化事業機構，它的主要任務之一，是保存國家文化遺產，代代相傳，永垂後世，這是一種何等神聖的任務，擔當這種任務的圖書館，除了在工作上要有適當的表現以外，典藏資料的圖書館，也應該在外形上給人一種特殊的感受，讓讀者油然而生敬重與信賴的心情，這是相當重要的。至少，圖書館的建築，在色彩和裝飾上，和其他的建築物有所區別，在推展任務的過程裏，一定也有良好的影響。以色彩而論，我國傳統上都比較喜愛凝重而濃厚的色彩，那樣好像容易產生穩重的感覺，呈現一份莊嚴的氣氛，而合乎傳統習性的要求。這些年來，臺灣所見的圖書館一類的建築，外型仍舊喜歡採用宮殿式，綠瓦紅柱、彩畫、廻廊、古色古香，一派中國古代庭院的模樣，也頗令人引發思古之幽情，確有這一方面的作用。當然，西風東漸，近年來也頗有改變，色彩較趨於素淡，顯得輕鬆活潑，而讓人能够以愉快的心情，從事尋求知識的活動，得益一定較多，圖書館的工作效果，也必然隨著增加。總之，我們覺得圖書館的建築，在這一方面，也頗值得研究，至少要能够顯示出任務的特殊性，讓讀者一望而知，曉得這是圖書館，讓讀者在圖書館裏，感到十分舒坦，覺得這正是求知的地方，那就很好了。

合用：合用是任何一座建築完成以後，使用的人最熱切盼望的一項要求了。圖書館的工作專業化以後，在合用的要求方面，就顯得更加嚴格了。因爲如果不合用，一方面由於工作不便，而影響到績效；一方面由於要設法彌補建築上的缺點，一定會形成人力和財力的浪費。當圖書館員根據合用的原則，加以檢討的時候，建築師一定不以爲然，其實這是必要的。舉一個例來說，圖書館的地平，在同一層樓上，希望保持是一個平面，就連走廊和室內，也是一樣。因爲圖書館收藏無數的資料，從進館開始，一直到完成整理的工作，排到架子上爲止，要轉換不少的工作單位，有的資料相當重，搬運費力，有的資料雖然不重，數量多了，也就不易搬運，所以都用書車來運送，地面不是同一平面，書車操作起來，便很不方便。就像醫院一樣，護士小姐要推著診療車去病房，爲病患治療，各病房都不能有門檻，否則就極爲不便了。圖書館也是如此。所謂合用，當然不是僅止一端，而是牽涉到工作需要的，都包括在內。當然，到建築完成以後，才來加以檢討，已是稍嫌太晚了，在設計的時候，就要把各種狀況條列出來，提供建築師參考。施工的期間，也要隨時注意，適時提出改正，以免將來難以補救。這些都是要圖書館員，在圖書館學的理論以外，還必須具備豐富的實務經驗，才能體察出來。眞的，做一名優秀的圖書館員，尤其是行政人員，實在是不容易的。此外，各圖書館的工作環境不同，需要也有差異，建築的設計，也要作不同的考慮，一味地抄襲模仿，將會造成不合用的嚴重後果，也應該愼重處理。

配置：圖書館的工作，是連環式向前推進的，各工作單位之間，有一定的連鎖關係，在館舍配置的時候，一定要加以注意。例如，採訪部門，是圖書館工作的第一站，每天要由館外接收大量的圖書資料，應該安排在甚麼位置；採訪工作的後一站，是編目部門，彼此如何聯繫，才比較方便；編目工作，和很多單位都有關聯，與目錄室、參考室，還有書庫等單位，怎樣配置才較爲便利；編目完成的圖書資料，又如何轉送到閱覽典藏部門；閱覽部門是和讀者接觸最多的一個工作單位，是公衆利用的部份，應該安排在甚麼位置，才能給予讀者較多的便利，也可以和編目部門密切聯繫；再以讀者常利用的場所而論，期刊室、參考室、流通部，以及其他爲讀者提供服務的單位，又應該分配在館舍的那一部份，這中間的問題實在太多，需要考量的因素也眞不少，要都能在圖書館建築裏得到滿意的答案，就要圖書館員多費一點思量了。還有一點，也常是圖書館容易疏忽的，我們受過專業訓練，對圖書館學不說有多精深的研究，至少也有若干的基本概念，所以在我們心目中，認爲是當然之事，讀者則未見得，因之在爲讀者作若干安排的時候，比如讀者常去的閱覽場所，圖書館員從工作分工的立場來說，是屬於兩個不同的工作單位，就分設在不同的位置，甚或相距較遠，讀者很可能不以爲然。有的圖書館很想把工作區和服務區分開，以免互相干擾，誠然也是一個極佳的構想。可是，要想達到這種理想，一定要建築開始設計的時候，就把基本的要求訂好，細心的安排，妥善的考慮，庶可使合用的原則得以實現。

光線：圖書館是一個閱覽的場所，除去視聽資料中極小部份只要用聽覺以外，其餘都要用眼睛來看，光線便成爲很重要的一個因素了。圖書館建築如何採光，眞是值得深入研究的問題。這些年來，臺灣的青年人視力發生問題，尤其在校成績較爲良好的學生，很大的比例都戴眼鏡，大家便直覺地認定，讀書把眼睛弄壞了。讀書會弄壞眼睛的原因，不外二者：一是書籍的印刷狀況，一是閱讀的環境。所謂閱讀的環境，主要便是指光線而言的。光線誠然是良好閱讀環境的主要因素，圖書館是讀者的閱讀場所，光線的問題，便成爲設計建築的時候，必得特別注意的了。光線的來源，一般說來，只有自然光和燈光。自然光就是晝間的陽光，陽光是取之不盡，用之不竭的光源，而且又無需乎付出代價，自然是大家所樂於採用的。但是，閱讀的光線，太強太弱，都對視力有傷害，而採用自然光，則不容易控制。陽光直射的時候，實在太強，用窗帘遮蓋，也只是沒有辦法的辦法，效果也有問題。所以，有的圖書館都主張採用燈光，採用燈光，就比較容易控制，使得光線的照明度，正適合閱讀的需要。可是，採用燈光，也有値得注意的地方。目前我們所見的圖書館，燈光的分佈不均勻，是常有的通病。現在，大家都採用日光燈，在設計的時候，每喜歡將兩根，甚至四根燈管，集中在同一個燈座上，也許施工比較方便，材料比較節省，不過，使用的效果則不理想，每個閱覽座位的熱明度不一，稍強還無所謂，弱了便不行了。如何使得照明度分佈均勻，是要注意的。

溫度：圖書館裏，要保持適當的溫度，爲讀者安排一個舒適的閱覽環境，爲工作人員安排一個適宜的工作場所，在目前社會的生活水準下，要講求效果，能够所費不多，而得到較佳的成效，從行政的立場來說，也是無可批評的。不過，我們在此提出溫度的問題，並不是針對這一點而言的。圖書資料的典藏，尤其現在的類型繁多，質料不一，很多的錄音錄影資料，都很忌諱溫度的不適宜，而容易造成損壞。圖書館員的心目中，圖書資料的最大敵人，是水，是火，是蟲，是灰，殊不知溫度的過高過低，也是無形的敵人。特別是溫度的急遽變化，高溫和低溫，相差太多，又變得太快，都使得資料的典藏任務，難以圓滿達成。在臺灣的天氣，起伏的狀況，更是難以捉摸。在圖書館建築設計的時候，也要考慮到這一點。還有，目前的圖書館，正全力希望邁入自動化，自動化當然要使用機器，機器的保養和維護，至於裝設的地點，都要有適當溫度的場所，延長使用年限，增加工作效果。總之，溫度是良好圖書館建築構成的重要因素之一，已經不容爭辯了。

濕度：除了溫度，在資料的典藏工作裏，也要留心濕度的問題，圖書很怕太高的濕度，轉潮生蟲，是圖書最大的傷害。所以，我國的圖書館，都曾經注意到這一方面，可惜沒有科學的方法，加以補救。惟一的途徑，便是晒書。我們參觀過一所圖書館，它還在建築設計之初，保留了一條運書的管道，直通頂樓。很多人不知道是做甚麼用的，經過查詢之後，才知道是準備晒書用的。當然，現在說起來，有點像笑話。不過，觀念還是正確的，知道圖書怕潮濕，要設法消除。現在已經有了科學的設備，可以調節濕度，做起來就簡單多了。也幸虧有了這種新的發明，才能解決問題，因爲現在的錄音、錄影資料，是不能用原始的方法來曝晒的。濕度太高，固然不可，濕度太低，也非適宜。其實圖書也是一樣的。濕度的調整，是在維持最適當的濕度標準，不讓濕度太高太低，才符合理想的需要。我們看到有的圖書資料，呈現焦黃的顏色，幾乎不能翻動，翻動了便容易破裂，如果有良好的設備，自然就可以減少這種損失，也證明了濕度的問題，不是單純地怕潮濕了。今天的圖書資料，眞的也是「天之驕子」了。

空氣：人體的健康，需要新鮮的空氣，工作要有良好的效果，場所應保持空氣流通。圖書館裏，閱覽室、辦公室，甚至典藏資料的地方，都要使得空氣流通的狀況保持良好，尤其在讀者衆多的情形下，空氣新鮮，是必備的條件。採用自然光的圖書館，在這一點上，比較不成問題。因爲這樣的圖書館，建築設計，都有很多的窗戶，而且一般的也經常打開，空氣的流通自然順利，可以保持新鮮。但是，如果在溫度和濕度方面，採用機器設備來控制，常常門窗都要密閉，效果才能良好，通風的問題，就要加以注意了。讀者聚集的場所，更容易造成空氣汚濁的情形。所幸現在的空氣調節，可以包含六種功能，卽冷、熱、去濕、加濕、空氣淸潔、空氣流通。這樣一舉而數得，所有問題便一起解決了。讀者在圖書館裏，能得到如此理想的閱讀環境，該是一件値得慶幸的事。

有關圖書館建築方面，在設計和使用上，有很多應該提出來討論的，尤其各種標準，例如閱覽室可以容納的讀者人數，每位讀者所應該佔有的空間，還有書庫的容量，書架的間距，以及辦公室的設備等等，很多書籍裏都有專列的章節加以介紹，而且這些規定的標準，都有一定的規格說明，圖書館行政人員，不大需要靠自己的考量，便可尋得適當的資料，在此不擬贅述。本文只想強調一點，圖書館的建築，已因爲圖書館工作的專業化，而成爲能否作業理想推展的因素之一，所以有很多方面，我們雖不可能說出一致的要求，但圖書館員要深入地硏究。最後，還有一點，我們沒有列入上述的項目之中，不過仍舊値得重視，那便是圖書館建築的外形。我們沒有辦法，也不應該說，圖書館建築的外形，必得遵守何種原則，一定要如何如何。然而，圖書館是一種負有特殊文化使命的工作機構，建築更是文化的一種象徵，所以，圖書館的建築，要符合這一特性。可是建築的外形，有時又必須配合周圍其他建築的狀況，不能單憑著圖書館本身的意見，而作出固執的要求，這也是不列入前文說明，卻又在這裏要提一下的原因。圖書館的建築外形，還要注意一些地方特性，比如國立的圖書館，和地方的，尤其具有地理特性的地區圖書館，假使能在建築外形上表現出來，對於任務的達成，或可有所助益。總而言之，把建築問題列入圖書館行政加以硏究，是希望能够讓圖書館在建築方面獲得對行政工作的有利條件。

二、設　備

我國的圖書館，多年以來，恐怕還沒有注意到設備的問題，大家從來沒有體會到這一點，圖書館的設備，竟然也關係到工作的績效、服務的成果。仔細想起來，其中道理實在也極爲明顯。辦公用的設備，直接影響到工作的績效，以打字機而論，現在電動打字機，已經相當普遍，使用起來，和從前的打字機相比，就會相差很多，同一位工作人員，一天的工作效果，便會截然不同。還有，較早的時期，打字機常放在辦公桌上面打字，現在發現不對了，在桌面上打字，手臂抬得較高，容易疲勞，影響成果。如今都是在辦公桌旁，專門放置一張較低的打字桌，便是一個明證。讀者服務部門所使用的設備，除了使用上的方便與否以外，還影響到與讀者之間的關係。我們在前文裏，曾經提到人員的任用，有人比較適宜擔任讀者服務工作，因爲他的個性，容易與人相處，容易得到讀者的信任，工作推展起來，就能得到較佳的效果。殊不知圖書館所使用的設備，也在此中發生影響。早期的圖書館，未曾注意到這些，加深了讀者和館員之間的界限，妨碍了彼此的溝通，這些往往是無形中造成的。例如圖書館的參考人員，坐在高高的服務臺後面，要讀者伸著脖子，甚至要墊著腳。你想想，這樣和讀者交談，如何能够得到良好的效果。所以，圖書館員的確是無意的，由於一些設備不理想，影響到讀者的心理反應，這是多嚴重的事！此外，我們的圖書館員，往往只知模仿，而不追究很多事情的內涵，也常常出現很多不理想的狀況。兒童圖書館、小學圖書館，和其他類型的圖書館，在設備上，也要有很多的不同，就連同是兒童圖書館，由於彼此的情況相異，同樣應該作必要的適應。目前臺灣的兒童圖書館很受重視，數量增加得很快，本是一個可喜的現象，表示我們的圖書館事業，開拓了一個新的發展方向。可惜，當你參觀了這些兒童圖書館以後，越看多了，不必諱言，越有「膩」的感覺。何以言之，差不多的兒童圖書館，像是一個模子裏做出來的一樣，連設備，帶色彩，還有佈置，都是一個典型。其實圖書館的設備，固有若干共同的要求和原則，但是各館的建築不一樣，佈置也不會完全相同，設備當然要按實際的需要來作安排，又怎麼會那麼相似呢？我們在研究行政的時候，特別提出來討論，也就是想得到對工作最有利的種種設備，而使得圖書館的功能充份發揮。關於圖書館的設備，業師藍乾章教授曾編印「圖書館標準傢俱圖」一册，可供參考。本書只想就基本的觀念，將重要的幾種作一次簡略的介紹。

書架：書架爲排列圖書之用，普通有鋼製木製兩種。靠牆放置，單面排列圖書，稱爲單面架，多用於參考室及閱覽室。書庫所用者，多爲雙面架，可省地方，也省材料。木製書架，最爲普遍，但選用木材，以堅實者爲宜，如經處置，可免生蟲，乃爲上乘。近來各圖書館均流行採用鋼架，用萬能鋼鐵製成，經久耐用，又不會生蟲，所以大家都對鋼架深有好感。實際上，鋼架木架，各有利弊。鋼架雖有上述優點，但它的缺點也不少。臺灣氣候多變化，冷熱差距極大，且夕之間，亦有變化，而鋼架傳熱快，暑天炎熱，氣溫較高，濕度降低，對圖書頗爲不利，容易使書發黃，而至於破碎。木板對溫度濕度，傳播較慢，頗有調劑的作用。且鋼架對書磨損較重，特別我國圖書尚多平裝，更是不堪「折磨」。而木架呢，缺點是容易生蟲，日久容易腐朽。優點則是氣溫變化雖大，木材吸收慢，發散亦慢，可收調劑之效，對保管圖書，頗爲有利。以此之故，鋼架木板，或可相互爲用，且新近木板可以藥水處理，防蟲防腐，更加可用。書架最下一層，應略向上傾斜，查閱圖書，可免蹲下之苦。各橫板的距離，可以自由調整，版面較大的書，才不會放不進去。

報架：陳列報紙，供衆閱覽，有兩種方式。一是以報夾夾報，放在架上，讀者取報，自由選擇位置。一是報架固定每架一報，不能取下，讀者只能就架看報。這兩種辦法也是利弊互見。利用報夾，讀者取閱起來，比較方便，不過另外要設置報架放置報夾。用報架夾報，不容易破損。讀者閱讀起來，則不大方便。至於放置報夾的報架，有的成斜梯形，優點是報名都可以一望而知，取閱便利。有的成長方形，報夾並排放置，就是在報夾上寫下報名，也不容易看清楚，這是缺點。夾報的報架，多爲屋頂式的，兩邊各自傾斜下去，佔地方較大，不宜採用這一型式。報夾多用木質，如用金屬報夾，重量大，反易使報紙撕裂。臺北記者之家，用雨傘形報架，甚爲別緻。

桌椅：閱覽桌椅，過去多用長方桌，木板椅。現代的圖書館，爲了使讀者對圖書館產生親切感，也使閱覽室的陳設不會落於呆板，所以桌椅的形狀，都有了改變。閱覽桌有長方形、方形、圓形。椅子的設計，也以使讀者坐得舒適爲目的。至於桌椅的顏色，從前都喜歡油漆成較深的顏色，現在呢，大家也改用淺的顏色，只是深色耐髒，而淺色容易顯得不清潔。放置的方式，都希望趨向於活潑，使閱覽室內顯得有生氣。期刊閱覽室裏，讀者看報紙雜誌，除去要作筆記以外，都不必要桌子，而椅子也可以換成坐起來比較舒服的沙發或者藤椅，不但可以增加座位，又能使讀者如同置身於自家的客廳與書房一樣。讀者眞的有「賓至如歸」的感覺，會使大家更樂意來圖書館。藍乾章敎授書中所列桌椅的高度，多以公共圖書館爲對象，中學圖書館，尤其是國民中學，不妨酌依學生的情形加以改變，以求適合學生們使用，而不致影響學生發育。有的時候，由於建築上的特殊情形，桌椅也不必拘泥於固定的形式。總之，圖書館的桌椅，以適用、堅實、美觀爲標準。提起堅實，必須用上好木料，不要只圖價錢便宜，以後損壞修理，反不經濟。現在桌面，可以加工，或者罩以膠套，防止毀壞，對傢俱的保養，都是極有價值的。

雜誌架：雜誌陳列，有開架閉架兩種方式。開架陳列，不需關鎖，普通都用木架或鋼架，分層分行排列，同類的雜誌，排在同一架上，放置雜誌的板面，最好略作傾斜，比完全平放，要好看得多，也有的雜誌架，不採平方式，而是用直立的，那樣比較佔地少，架上貼好雜誌名稱，讀者取閱，也很方便。只是我國雜誌出版，每版面不大，頁數不多，無法直立，站在架子上露出來的部份不多，也不雅觀。若干書報，版面够大，而實在太薄，又易彎折，平放就不會有這些現象。閉架陳列，大家都用玻璃橱櫃，內側與底層可用木板，才比較容易上鎖。其他部份都用玻璃，可以使得讀者看得清楚，才好選擇借閱。玻璃橱櫃容易破損，尤其在讀者雜多的閱覽室裏，更加要特別留意。過期雜誌收回以後，放在庫房裏，可利用普通的書架，分別平放，極爲方便。裝釘完成，編目以後，當然像書籍一樣地排架，沒有任何問題。

目錄櫃：每一所圖書館，都有不少目錄卡片，裝盛這些卡片的，便是卡片櫃。有些工作人員，保存部份參考資料，用卡片抽屜保存，放在桌面之上。卡片櫃的型式，大同小異，有的是八層抽屜，也有的六層，中間有一塊活動隔板，以便讀者在查閱卡片時拉出來放抽屜之用。每個抽屜，要特別注意大小，有的圖書館，在訂製卡片櫃的時候，認爲卡片櫃放卡片，每個抽屜，只要能放下卡片便足够了，所以比卡片大出一點，就應該是卡片抽屜的合理尺度。誰知道其他的都合適，就只有高度必須按照導卡，導卡要比普通卡片高出一些，不參照導卡的高度，將來導卡的特出部份，都會一一地折倒。無法改造，又不能把卡片縮小，形成經費上的損失。此外，卡片櫃還有一點值得注意，每一抽屜內，都有一根貫穿卡片的金屬小棍，將來穿在卡片下面的孔中，以免卡片散失。這根小棍的裝置方法，各有不同的設計：有的由前向後，由螺絲鎖緊，抽屜底端，用木片擋住；有的小棍由後向前穿，先穿好抵在抽屜前端鑿好的小孔（未穿透），底端則用木片擋住，使不致脫落。兩種辦法，均無不可，只有一個要求，那便是能够使卡片不會散失。卡片目錄一定要保持完整無缺，才能完成它的效用。

出納臺：出納臺，是圖書出借部門的設備，而出借部門一定是在圖書館中最寬敞、而容易被人發現的地方，這些地方的傢俱，不但要講求實用，也要保持美觀的外形。一座出納臺，必須具備幾個條件：高低適度，設備齊全，分配合理。掌理出納工作的人，成天在這個臺邊工作，而很多圖書館的出納臺，都像商店的櫃臺一樣，高高的，這樣容易增加工作人員的疲勞。至於設備齊全，出納臺上必須有保存各種出借紀錄的抽屜，也有各種不同的文具，供給工作人員及讀者辦理手續的時候使用，這些最好都在出納臺上安排好位置，如果設備不齊全，增加工作上的不便，使讀者易生反感。至於這些設備，在出納臺上的位置，也要分配合理。舉一個例子，大家便可以明瞭這一點的重要性。有人呼籲，不要以爲厨房不大，而一位主婦每天在厨房裏，各種器物的位置適當，可以減少疲勞。出納臺邊的道理，完全一樣。切莫認爲出納臺裏只有那麼大小地方，整天往返地處理各項工作，加起來就多了。出借記錄，放置還書，辦理手續，這些地方能够分配得宜，工作人員左右逢源，不但減輕疲勞，還可以提高效率，更能够使讀者滿意。我們應該注意及此。

除了以上幾種基本的設備以外，各圖書館還有很多需要的物件，諸如書車、新書陳列櫃、展覽架、排卡盤等等，是無法一一列舉說明的。我們考慮添增設備，要顧及需要的程度，經費的情況，建築的設計；要達到實用、美觀、堅固的標準。這樣，圖書館的設備，便會在合理的情形下增加，能適應工作的需要，也不會有浪費的情形發生，再理想不過了。

在圖書館行政裏，建築設備之所以受到特別重視，除了上述的原因以外，主要的是因爲建築設備所需的經費較多，且事後少有辦法補救，偶有不當，便長久以後都受到影響，不得不謹愼將事，以期錯誤減少到最少程度，行政的目的，也就在此。

本章參考資料：

1. 藍乾章編著圖書館經營法
2. 中國圖書館學會出版委員會編圖書館學
3. 張金鑑著行政學典範
4. 姜文錦譯圖書館建築設計概論
5. 藍乾章編圖書館標準傢俱圖
6. 王征編圖書館應用表格傢俱圖說
7. 中國圖書館學會編圖書館標準
8. Rolf. Myller: The design of the small public libraries.
9. Michael Brawne: Libraries architecture and equipment.

捌、事務工作

在一般的行政觀念裏，事務工作，常得不到應有的重視。大家把圖書館的工作，習慣地分兩部份：專業的與事務的。就連在圖書館擔任事務工作的人員，也都自己這樣認爲，而且常常聲稱，事務工作是配合專業工作的，事務工作本身沒有甚麼，專業工作需要甚麼支援，我們便做甚麼，很多人也接受了這種觀念。但是，眞正從行政的立場來說，是不能同意這樣說法的。首先，任何一個行政組織裏，都少不了事務部門，還都是一個獨立的行政單位，和其他業務單位，享有同等的地位。如果事務工作眞的沒有自己的行政功能，又何以會如此呢？當然不是，事務工作，仍然是有其特別的作用的。其次，事務工作，雖不能在圖書館的經營之中，獨立地表現多少績效來，可是事務工作做得好不好，直接關係到圖書館的發展，也是無可爭辯的。至於如財務處理，建築設備，這一類事務，不都是在事務工作的範圍之內嗎？尤其圖書館的建築設備，沒有專責單位，都是由事務單位來掌理的，這種工作，何等重要！負責如此工作的單位，怎能不受到重視！再次，事務工作，除了經常性的業務以外，沒有固定的範圍和項目，但是圖書館的任何一個部門，任何一件工作，和事務工作之間，存在著沒法分割的密切關係，是有目共睹的。擔任事務工作的人員，最需要的，就是熱誠、認眞、自動的服務精神。因爲，如果他們願意做，懂得找事故，就會有永遠做不完的事。反過來說，事務人員一味地只在等工作做，也許眞正做的就很少了。因此，本章無法像前面各章一樣，把事務工作的內容，都一一列舉出來加以說明，只想從觀念上的轉變，提升事務工作的功能層次，達成行政的目的。那便是事務工作，並非僅是消極的配合，應該是積極的參與。消極的配合，就是等待業務單位提出他們的需要，事務單位從而處理，滿足他們的要求，使他們的工作順利進行，那是被動的。被動的工作態度，是行政環節中的最大缺陷。事務工作，要積極的參與，由被動而主動，根據我們的職能，運用我們的經驗，貢獻我們的心智，從瞭解各單位的業務着手，設計各種有利的環境，促成圖書館的良好發展。我們要知道，圖書館的各個業務單位，雖在整體業務流程中的每一個階段中，擔當重要的角色，可是只靠他們仍然是不足以成事的。圖書館爲了排列讀者查用的目錄卡片，一定會訂造各種的目錄櫃，編目單位對目錄櫃自然會有一些基本的要求，可是召商訂造，卻是由事務單位負責。專業的知識，可以爲目錄櫃訂下原始的設計，眞正能夠讓目錄櫃合用，依然要靠我們從中協助的，也許由於事務單位的努力，利用一些業務單位所缺少的經驗，會有更好的成就。因爲，實務的處理，才是一件事務理想實現的最後階段。事務工作的人員，沒有理由自暴自棄，妄自菲薄，覺得自己在圖書館裏地位不重要。正如前文所說，現在的醫學報告，反對輕易地決定割除盲腸，除非在萬不得已的情況下，才准開刀。盲腸，在人體之中，依目前的瞭解，不知道有何功用，卻容易引起毛病，所以認爲留之無用，去掉是一勞永逸，又免除後患，眞是何樂而不爲？事實上，現在的證明是不然了，但也應驗了一句話，在組織裏面，是相互為用的；在組織之內，無所謂重要不重要；在組織之外，沒有個體的存在。再說得仔細一點，看似沒有具體功能的單位，其實它的功能，正融合在整個業務的每一部份，而且也許更支撐著圖書館發展的命脈，但必須積極的參與。當然，圖書館的事務人員，要想善盡這一份職責，積極地參與圖書館工作，自己也必須要有一些基本的條件，否則，徒託空言，是於事無補的。首先，要具備圖書館學的基本知識。這是目前最嚴重的一個問題了。所有的機關學校，包括圖書館在內，任用的事務人員，都未必是有專業知識的，這常造成極大的困擾。例如學校的事務人員，隨便任用一些人，以為只要能辦事就可以了。結果，事務人員不懂得教學，教室裏該用怎樣的黑板，平面的，弧形的，如何讓全教室的學生都看到黑板上的字而不反光，表面要光滑，還是要稍微粗糙一點。沒有上過課，沒有用過黑板，怎麼說也是不行的。圖書館也是一樣。事務人員，不受重視，社會大衆，還對事務人員都懷有不信任的態度，就很難得見到專門研究教育的人，肯擔當學校事務工作的。更困擾的，是全國教育發達到今天這種地步，甚麼人材都有專門的學校來訓練培養，惟獨沒有訓練事務人才的地方。事實上呢，事務工作眞是千頭萬緒，法令規章一大堆，不容稍有違失，加上很多事務，都要憑藉經驗，想當然耳，常辦不通的。還有，太多的地方，又牽涉到專業的知識，出力不討好的事情，眞是司空見慣。我們每聽到事務人員抱怨，如果也有了專業知識，不也成了專業人員了嗎？其實，這句話裏暗示了行政上的問題。圖書館裏，一定是專業人員的地位高高凌駕在事務人員之上，一定是事務人員不覺得自己有專業知識的需要。第一種狀況，十分不合適，要設法淸除。第二種狀況，為圖書館發展着想，要設法補救。補救之道無他，給事務人員灌輸專業知識，或者任命受過專業訓練的人擔任事務工作。這種問題，如獲得解決，受益將是無窮的。事務人員的行政地位，可以逐漸提高；和業務人員之間的隔閡，可以完全消除；圖書館的功能發揮，可以大幅提高。其中的道理，是十分明白的。其次，要有成功不必在我的胸襟。圖書館的每一個單位，在經年累月的工作以後，都會有具體的成效。採訪人員，從館外採購、交換、或者接受贈予得來的圖書資料，堆聚如山，經過整理登錄以後，一批批移送編目部門，而且都有完整的記錄，這是他們的工作成果，館藏一天天地增加。編目人員，把入藏的圖書資料，從淩亂不堪，整理得井井有條，既方便於管理，又有助於使用，編製的目錄，更成爲讀者與資料之間的橋樑，被大家視爲圖書館工作的主體，工作成效，自不待言。閱覽參考流通的讀者服務人員，他們的工作成效，更是最明顯的了。他們有參考服務的工作記錄，閱覽人數的統計資料，流通工作的數量統計，上級考核圖書館，外人讚揚圖書館，也多半以這些作爲依據，更顯得他們的工作重要而有結果。本來嘛，他們就是圖書館收成的工作階段，但多少總令人覺得工作都是他們做的，著實有點「不甘心」，尤其是事務人員，更常作如是想。惟獨事務人員，在圖書館裏，好像根本沒有做甚麼似的，做事雖然很多，卻沒有具體的形象，都融合在別人的工作成果背後，不瞭解實情的人，眞的有這樣感覺，竟也因此而降低了事務工作人員的情緒，委實是行政上的一大問題。所以，事務人員確實要有成功不必在我的胸襟，眼看著圖書館的如許成就，只要想到這中間也有我的一份貢獻，而且是自己全部的心智，善盡了責任，達成了任務，便會心安理得了。天下事情，如果能够仔細咀嚼，慢慢從旁欣賞，而不必自己扮演主角，也是另有一番樂趣的。用不著別人讚美，我們自己心裏明白，憑著職業上的良心，守住工作上的本份，又何必，也不可能人人都在前臺或者螢光幕上出現，總要有幕後英雄喔！再次，要有任勞任怨的精神。當我們形容自己的工作精神，而描述艱苦的處境時，常喜歡用任勞任怨的字眼來形容。眞正的任勞任怨，確實不太容易。任勞還比較容易，任怨卻常忍受不住。有責任心、有工作熱誠、有堅強意志的圖書館員，在本身的職務範圍之內，應該都有任勞的精神。但是，旣經任勞了，還要他任怨，是相當不簡單的。因爲，任勞已屬難能可貴了，不是有優異的敬業精神，而且良好的道德修養，是絕難辦得到的。如果沒有任勞，受點埋怨，也就算了。任勞又要任怨，眞是雙重犧牲，能忍受得住的，實在太少了。事務人員要任勞，理由是凡屬館裏的任何事務，都和事務工作有關聯，並且事務性的工作，常是事先準備，事後收拾，十分辛苦的。加上工作瑣碎，點點滴滴，東修西補，說不出做了多少事，實實在在是做了很多事，眞的很辛苦，不任勞，就不能擔任事務工作。說要任怨，這是事務工作人員最要忍受的一點。由於事務工作多爲配合其他業務而做的工作，本身不能單獨表現成效，而其他業務的績效，自然不能當爲事務工作的。反過來說，別的單位業務發生問題，檢討的結果，什九都會牽連到事務工作，甚至把責任也推一部份給事務單位，認爲事務單位配合不當，才會發生問題。好的沾不上，壞的脫不掉，眞是寃哉枉也。事務人員不能任怨，怎能克盡自己的職責？總之，事務工作，是圖書館裏相當重要的一部份工作；事務工作，是圖書館裏扮演著無名英雄的工作；事務工作，是圖書館裏不大有人想要做的工作。也由於這個原故，一般說來，圖書館裏事務工作人員的水準偏低，尤其太多的沒有受過圖書館學的基本訓練，老實說，要想把事務工作做得理想一點，是不易辦得到的。這在圖書館行政裏，是很值得重視的一個問題，非澈底地謀求改善，不能促成圖書館事業的發展。問題的癥結，事務人員本身的問題還容易解決；基本上，負責圖書館行政的領導人，說得明白一些，就是各館的館長，他們也很少注意到這一點，總認為脾氣溫和，善與人處，勤於治事，能守本份，便是理想的事務人才，那就錯了。因此，在本書之中，特別列一專章，對事務工作的特點，加以闡述，並且進而討論事務工作的原則，和事務人員應具備的條件，希望把圖書館行政中最弱的一環，也能夠強化一點，使由事務工作的正常進行，促成圖書館事業的進一步發展，至少也不要因事務工作的不正常，而影響到圖書館發展的前途。

本章參考資料

一、藍乾章編著圖書館經營法
二、中國圖書館學會出版委員會編圖書館學
三、張金鑑著行政學典範
四、拙著中學圖書館的理論與實務

後記

到執筆寫完本書的最後一個字，心裏還在想：這本書不知道究竟會是怎麼樣的一本書？不過，有一點可以肯定的，那便是本書的內容，代表了我個人對圖書館學理論的體認，對圖書館實務的經驗，對圖書館經營的觀點，那怕有太多的還需要再討論，但，這些畢竟是我的！

圖書館行政，說歸說，做歸做，說與做之間，有太多的差距。就談做，也是「戲法人人會變，巧妙各有不同」，時間的、空間的、對象的、實質的、有形的、無形的、主觀的、客觀的，太多太多的因素，都使得行政處理不能過份囿於原則，而必須靈活地加以運用，行政之所以爲行政也就在此。然而，行政的活用，仍有其不能改變的目標和原則，圖書館行政之所以能夠用來討論和研究，主要的依據也就在此。

本書寫成，心裏有很多的感觸，有感謝，有愧疚，有期待。感謝所有的師友，由於您們直接間接的幫助，我對圖書館學才能有今日的瞭解和認識；愧疚很深，浸淫在圖書館學裏，斷斷續續地已二十多年，卻說不出幾句別人不能說的話。期待更多：期待有人看我這本書，期待有人給我批評和指教，期待有更好的圖書館行政的書出版。圖書館行政，這塊屬於圖書館學範疇的園地，荒蕪得太久了，讓我們共同努力耕耘，使多年來圖書館學裏進步的觀念和技術，能够在正常的行政運用之下，得到更輝煌的成果。寫一本書，縱使有很充裕的時間可供利用，結果仍然是感覺在匆忙中完成，著者也正好以此爲藉口，爲書裏有掛一漏萬、校對未精、甚至立論不當的地方，要求讀者原諒。可是，最重要的，也是最誠懇的，還是熱盼多多指正！

七十一年四月三日深夜於臺北

附錄一

圖書館學的實用價值

中國圖書館學會，以今年十二月一日至六日，爲首屆圖書館週，這是一項創舉，我國的圖書館事業，將因此而開創新機運，建立新紀元，是可以預期的，因爲圖書館的發展，能把方向轉換到圖書館學的實用特性上，是難能可貴的一大進步。

圖書館學，目前已是一門高深而專門的學問，國外的很多學校，都以之爲修習高等學位的科學，便是很好的例證。而現代的圖書館，爲實現其理想，發揮其功能，常透過高深的理論，完美的技術，以遂行其任務，也使圖書館學因此而具最高度的學術性。不過，這些理論與技術的最終目標，卻是在希望獲致實用上的效果，也就是皆有其實用的目的，除圖書館學的學術性以外，還有其實用性的一面。有人認爲圖書館學既已是學術研究，就不該再重視實用價值，如果強調實用性，勢將嚴重損害其學術性。其實像圖書館學一類的應用學科，學術性與實用性之間，本就是互爲表裏，相輔相成的。實用性爲學術性的基礎，而學術性乃由實用性昇華而來，學術性的最爲可貴之處，就在具備充份的實用性。關於這一點，如從現代圖書館的任務，與圖書館學的內容兩方面加以說明，會更加清楚一些。

現代的圖書館，有多方面的任務，但歸納以言之，不外傳播知識。知識之爲物，近百年來發生了空前的變化，無論從寬度或深度來說，都大量地在增加，知識正在作大幅度地膨脹，結果產生一種現象，那便是知識的尖端與一般知識水準之間的差距越來越大，而現代國民的知識水準，也必須水漲船高，隨著向上面提升。所以，依目前的情況而論，知識的探求鑽研，固仍是一些專家學者的事，但知識的領域，已不容再爲少數人所佔有，而知識的功用，更在推廣普及，加惠人羣。基於以上所述，我們可以瞭解：今後的知識傳播工作，是非常艱巨而重要的，現在卻變成了圖書館的責任。過去的圖書館，所標榜的是給讀者提供最佳服務，可是「服務」二字現在是顯得不夠了。因爲圖書館的工作，如果眞的僅限於「服務」，那麼服務的對象，將無法十分普遍，而只是部份希望得到服務的人。現代圖書館的做法要完全改變，對那些無意於接受「服務」的人，圖書館也有責任主動地爲他們提供知識，就本質上說這已是一種「教育」。圖書館既已負有如此教育上的責任，如何使國民知識水準提高，爲社會進步、國家強盛奠定基礎，就需要審慎將事了。圖書館學的理論，是圖書館發展的指針，而這些理論能否誘使圖書館完成其任務，就端視其實用性如何而定了。沒有實用價值的理論，何能在教育任務上獲致成效！

圖書館學的內容，從圖書館學校的課程來看，眞是名目繁多，不勝枚舉。若分類言之，約略可分三大主題：資料的蒐集整理，人員的培養訓練，與工作技術的研究改進。圖書館傳播知識，以資料爲媒介，而資料不僅爲數衆多，亦且類別各異，故圖書館對於資料，必廣爲蒐集，愼加選擇，仔細整理，以期館藏豐富，排列有序，能在使用上發揮最高的效用。至若人員，乃圖書館工作推行的動力，圖書館的任務賴以達成，資料的效用賴以發揮。而圖書館員的基本條件：足够的學養，工作的熱誠，熟練的技能等，都需要有計劃地培養訓練，然後才能有所成就。關於工作技術的研究改進，往昔可以不加重視，現在則必須多加注意，因爲工作目標既已不同，工作技術何能不變！若仍沿用舊法，而又冀望以完成新的時代任務，豈非緣木求魚！總之，圖書館學的內容日新月異，發展尤爲迅速，但深究其內涵，雖均已成爲高深的理論，卻無一不以實用上的效果爲依歸。所謂實用上的效果，有兩大要素：一爲可行，一爲有效，要二者兼備，缺一不可。由此可見圖書館學的實用特性，乃其學術研究與理論形成的核心所在。

我國成立現代化的圖書館，於今已爲期不短，卽以政府遷臺後二十年而論，雖然是百廢待與，但是各方面對圖書館事業的發展，均不遺餘力，可惜努力的方向，每限於工作能力的培養，如修建館舍，蒐集資料，編製目錄，訓練人員等，而對於實用效果方面，則未見改善。今圖書館學會舉辦圖書館週，是工作觀念開始轉變的明確證明，我們深深寄予厚望。可是圖書館週的眞正意義，不在新的工作觀念的形成，而在新的工作方式的具體表現，也正好爲圖書館學的實用特性，作一次有價值的說明。

附錄二

我國當前圖書館教育任務之探討

一

我們討論圖書館學的問題，首要的，便是先要認定圖書館的任務。因為我們創辦圖書館，必須以圖書館的任務為依歸；我們經營圖書館，必須以圖書館的任務為目標；我們發展圖書館，必須以圖書館的任務為方針；我們衡量圖書館，也必須以圖書館的任務為終極。圖書館的任務，是圖書館所有一切的軸心，圖書館的計劃，活動，設施，莫不環繞著圖書館的任務而運轉，共同以達成圖書館的任務為鵠的。圖書館的任務，是研究圖書館學的核心。探討圖書館的任務，是討論其他圖書館學問題的先決條件。目前政府十分重視圖書館的發展，不僅投下了大量的人力與財力，而且從立法上積極地鼓勵與支持，希望圖書館能够在國家的建設工作上貢獻一份力量。我們圖書館的從業人員，也都殫思竭慮，籌謀策劃，共同為圖書館發展開創新里程，奉獻一己的心智。而有關圖書館的各種問題，諸如館舍的建築，人員的訓練，工作的計劃，資料的徵集，活動的推展等等，更都曾引起過熱烈的討論，希望將來能把工作做得盡善盡美，功德圓滿。但是，我們仍然認定：明確肯定圖書館的任務，是最重要的。因爲我們一定要認淸當前的環境，把握當前的需要，並且瞭解圖書館在今日社會中能做什麼，該做什麼，然後再要求圖書館去做什麼。如此，圖書館的功能，才能轉化爲國家建設的力量；圖書館的存在，才能充份顯示其價値。

二

圖書館的存在，由來已久，雖然名稱屢有更異，型態彼此不同，但是圖書館的任務，卻始終保持著一個共同的特點，那便是圖書館從事的都是知識的活動。因此，我們討論圖書館的任務，便離不開知識的問題了。尤其，圖書館的工作，與知識的發展，其間有密不可分的關係。也由於這一個緣故，我們在討論圖書館任務之先，需要概略談一下知識發展的問題。

一般說來，知識發展的方面，不外專精與普及兩者，也就是縱深與寬廣的發展。多少年來，知識在專精方面的發展，一直是十分神速的。今日專門學術上的成就，便是最好的明證，尤其近兩百年來，更是突飛猛進，造成空前的現象。現代社會文明的增進，生活水準的提高，科學技術的發展等等，莫不奠基於此。圖書館在知識的此一發展之中，曾貢獻過不少力量。但是，知識除了專精的縱深發展以外，寬廣的普及發展，也十分重要。專精的發展，固可以造福人羣，讓大家體會到知識的功能；其實普及的發展，也十分重要，因爲知識普及，正是專精發展的基礎。這兩種發展，從表面上看起來，雖好像是兩個毫無關聯的不同方向，實際上卻是互爲表裏，相輔相成的。

圖書館所從事的，旣然是有關知識發展的工作，我們又明白了知識發展的方向，那麼我們的做法，就應該在這些方面多作適度的調整，以圓滿地達成任務。我們過去，在知識專精發展方面，曾作過不少努力，也有過相當輝煌的成就，這些都是不可否認的事實。因爲在今日這個世界裏，我們依然能夠輕易地找出很多例證，說明圖書館是在這一方面不可或缺的角色。當今的圖書館和衆多的工作人員，也正從事於這項重要任務。但是，我們不必諱言，過去的圖書館，對知識普及的工作，是做得不夠的。就由於這個原因，甚至現在還有的圖書館員，也沒有把普及知識正視爲圖書館的任務。這是値得深切重視的一個問題。

三

討論圖書館的任務，在基本上，我們認爲應該分爲兩個層次：「基本的」和「時代的」。所謂基本的任務，便是任何一所圖書館，不論古今中外，甚至未來的任何時期，圖書館的任務，都是在這一層次內形成的。圖書館對知識的發展，典籍的保存，文化的發揚，學術的研究，讀者的服務等等，都是不容推辭的任務。往昔的圖書館，在這些方面，都曾有過十分傑出的表現。例如我國過去歷朝的藏書，對於知識的發展，尤其是典籍的保存，所作的貢獻，實在令人敬佩。至若文化的發揚，和讀者的服務，也都是圖書館長久以來工作努力的方向。正由於種種驚人的成就，使圖書館能成爲我國社會中極爲受人重視的文化教育機構。今後的圖書館，亦必仍然循着這一方向發展，創造更多的工作績效。所以我們稱之爲圖書館基本的任務。其次一個層次，我們稱之爲「時代的」，乃是由於本屬於圖書館的任務，但在某一特定的地域，在某一特定的時代，基於某一種特殊的需要，圖書館在所冀望達成的任務上，作了輕重的權衡，適度的調整，使所擔當的任務之中，有些特定的項目，必須有加強的措施，更常常代表了特殊的意義；但是，說不定時過境遷，這些特殊的原因消失，再也不需要作如此的適應，甚或有另一種情況發生，圖書館卻要作另一方式的適應。這些任務，我們稱之爲「時代的」，對圖書館的經營來說，也含有更深的意味；因爲，我們認爲：任何一個機構的存在，都必須在當時的社會中有滿足需要的功能，才有其充份的存在價値。否則，希望得到適度的重視，也是不可能的。目前，政府十分重視圖書館的發展，自然是由於對圖書館感到有特別的需要，需要圖書館能完成其特殊而重要的任務。我們圖書館的經營，如果對此種情況視若無覩，絲毫無所覺察，不但有虧政府對我們的希望，亦且未能善盡自己的責任，更談何達成自己的任務？目前的圖書館，對於基本的任務，絕不能放鬆；而對時代的任務，則需要更深切的體認，應是不待爭辯的事實。

四

基於以上所述，我們有理由認定：圖書館的任務，必須密切適合當前的需要，尤必須認淸當前的工作環境，以作適切的調整。政府遷臺三十年間，我們的社會，發生了很多急遽而重大的變化，而且有若干狀況，是我們所獨有的，連模倣和借鏡的機會都很少，我們就更需要運用更多的心智，把握重要的原則，擬訂工作的方針，以求發揮圖書館的功能，善盡圖書館的責任。現在特地選擇重要的幾點列述如下，以供大家參考。

1. **國勢的增長**：在今日的國際局勢和世界潮流之中，國家的強弱，在人口方面，其決定的因素，已從數量的多寡，轉變而成為素質的精否，這是一個十分嚴重而迫切的問題。我國過去兩三千年以來，都是以農立國的，家庭是主要的教育單位，人民除了基本的應世的知識以外，很少需要更多的其他知識，便可以很順利地生活下去，所以對於尋求知識方面，實在不十分熱心，但是這種狀況，顯然地影響到國勢的增長。所謂國家現代化，雖說是多方面的，然而最基本的，是在國民知識高水準的基礎上所引發出來的，實乃不容置疑。因此，我們也深深體會到，過去的知識活務，是少數人的；過去的知識發展，是沿著縱深的方向前進的。而今，事實已不許可如此，知識必須播散在每一個人的心田之中，讓它普遍地發芽生長。政府籌建縣市文化中心的圖書館，其主要着眼點便是在此。圖書館也因此而獲得直接參加國家建設的機會。

2. **社會的健全**：工業發展，社會變化，人際關係的演變，既密切，且複雜。我們現在希望建立一個和諧的社會，不外兩個原因，一個是惟有和諧的社會才有良好發展的機會，一是目前的社會顯得不夠和諧，社會和諧的基礎是建築在健全的國民知識觀念上。因為人際關係的變化，大家必須有新的觀念和態度來適應，彼此配合，彼此協調，然後才能在合作的意念下，各求發展，共求幸福。這種建立和諧社會所需要的觀念和態度，既是每一個國民所需要的，而且又經常隨著社會的轉變而更新，只有圖書館能藉着它的功能，發揮潛移默化的作用，以達到這種艱巨的目的。事業的競爭，政治的活動，經濟的發展，都只有在健全的社會中才能循序漸進，健全首在和諧，以我們目前的工作環境而論，眞是刻不容緩的事。

3. **謀生的需要**：多少年來，在圖書館的經營中，讀者是被列爲首先考慮的因素。這說來也是很自然的，圖書館的設立，本來就是爲讀者的。圖書館功能，若不透過讀者，根本無從顯示。所以讀者的需要，是任何圖書館工作的第一目標，現在的讀者，由於生活環境的變異，大家對於圖書館的仰賴，眞可以說是與日俱增。尤其值得重視的，是廣大的讀者，都對圖書館有着迫切的需要，這眞是圖書館發展的大好機會。我們爲謀求貿易的拓展，技術的改良，國際爭端的瞭解，生活問題的解決，以及各式各樣的疑問，都會企盼圖書館能助他們一臂之力，圖書館也確實有這份責任，滿足他們的需要，同時藉著這些服務，建立他們對圖書館的信心，圖書館正好利用機會發揮功能。這一種圖書館與讀者之間的密切關係，是圖書館良好發展的最佳契機，使圖書館充份顯示出高度的存在價値。

以上不過列舉圖書館時代任務的最明顯部份，但這已足夠證明圖書館除了知識活動的基本任務之外，有其重要的時代任務，而是否能圓滿達成這項任務，對圖書館本身的發展，卻具有十分密切的關係。圖書館員惟有面對艱巨，才能顯現圖書館工作成就所發出的光芒。

五

我國的圖書館事業，發展到目前這一階段，面對當今的工作環境，必須認眞地肩起這一艱巨的時代任務，已經不容遲疑。在此，我們特別強調任務上的教育特性，有兩個最重要的理由：

首先，我們認爲：圖書館當前的這一典型的工作，已經不是單純的服務工作，任憑著讀者的需要與否來決定圖書館的工作範圍與深度。因爲，從國勢的增長來說，有些人根本不能覺察自己的知識水準偏低，對他個人有何不妥，更遑論與國家的休戚關係。如果我們期待着這類讀者來館的時候，透過服務工作來達成任務，可能性會降至最低程度，實在是他們絕少有自動來館的機會。因此，我們在工作態度上，想藉着教育的特性，激發圖書館員們的一份自我期許，展露圖書館工作的新境界，開創圖書館工作的新層次。我們明知道，把圖書館的任務，認定有教育的特性，一定會有圖書館學家們不以爲然，他們會認爲圖書館乃是一種服務機構，根本上就諱言教育的。但是，我們在此也特別強調：圖書館的任務有教育特性，是從其工作內涵提鍊而來的，並非想由此希望抬高圖書館員的社會地位，正由於有此特性，反而增加了圖書館員的責任。而且，此所謂教育特性，亦無其他教育工作的強制性，而只不過是從工作效果上着眼，有其濃厚的教育成效而已。圖書館眞能從這些觀點去擬訂與執行他們的工作計劃，其對於國家建設的貢獻，不言可喩。

其次，我們認爲：當前圖書館的這份任務，在進行的過程中，有特定的對象，有特定的內容，還有特定的目標，根本上就是一種教育。因爲我們是要建立一個和諧的社會，富強的國家，但是由於工業發展快速，經濟成長，社會變遷，新的環境需要新的適應方法，而一般人卻無法隨着這急遽的改變，很快地建立起健全思想與觀念，來適應新的社會生活，配合這新的社會發展。所以，舉凡有需要協助建立現代國民思想觀念的讀者，都是我們工作的對象；舉凡對建立現代國民思想觀念有助的知識，都是我們工作的內容；舉凡使國家社會現代化所需作的努力，都是我們工作的目標。我們在工作進行之中，有計劃，有步驟，講求方法，注重技巧，這些都是教育工作的特性，因此我們把當前圖書館所肩負的時代任務，稱之爲教育任務，是有依據的。舉例來說，我們國家實行民主政治，辦理選舉，此中一般國民所需要的常識，就是從前大家所沒有的，但是這民主的知識是否足夠與健全，是選舉成敗的關鍵所在。政府實行能源政策，這是舉世關心的一個問題，可惜我們執行的效果不理想，原因很多，大家的認識不清，是原因最主要者。又如現代的醫藥發展，衞生常識，以至日常生活的種種細節，看似微不足道，卻都足以影響社會的正常發展，國家的富強康樂。準此以觀，圖書館在這一任務的要求之下，工作內容，十分豐富；工作項目，不勝枚舉；工作負擔，更是相當繁重；不過，付出的雖多，收入的自必可觀，尤其是我們對國家建設，也貢獻了一份力量，縱使效果是無形的，卻是極爲顯著的，而且是急迫需要的！

六

我們之所以強調當前圖書館的教育任務，絕無意作任何的誇張，只是直覺的認爲：如果不能把目前的圖書館的工作，賦予教育的生命，是不足以擔當在這新時代裏所肩負的任務，更無法在國家建設之中充當重要的角色，更沒有體會到圖書館的發展眼前正遭逢了空前的挑戰。

附錄三

澄清圖書館行政上的幾個觀念

近百年來，圖書館學的發展十分驚人。不但在觀念上屢有突破，在技術上尤多精進，使得圖書館的經營，不斷地出現新局面。可是，這些新的氣象，能否表徵著圖書館在達成任務上有相對的成就，就端視圖書館行政可曾發揮功力了。因爲，單憑著圖書館在局部上的特殊處理，是不可能使圖書館整體的發展得到圓滿效果的，必得透過圖書館行政的安排設計，才會眞正產生工作上的效益。圖書館行政，在圖書館學校裏，是高年級的課程，是一門綜合的學問，不是一種技術，而是一種藝術。圖書館行政是一份融和劑，把圖書館的人力、財力和物力，經由行政的處理，藉著業務的推展，逐步地達成任務，完成使命。如果一所圖書館的條件，每一部門都很優秀健全，但缺少圖書館行政的統合，正如我們人體一樣，雖然每一種器官都很健康，但這一個人未必是健康的，除非這些器官間能够在運作上協調一致，彼此配合。這正說明了醫學上器官移殖手術，並不能保證病人恢復健康的道理。圖書館行政，在圖書館學的範疇裏，有其特殊的地位，原因也就在此。我國圖書館事業現代化，目前已有相當成就，可惜較多注意引進新穎的學說，和進步的技術，唯獨對於圖書館行政這一方面，卻不太重視，以致圖書館的不少改進措施，沒有得到預期的效果，而枉費了很多的努力。至於我們未能有效運用圖書館行政，揆其原因，可能是大家對圖書館行政，在觀念上有一些模糊不清的地方，沒有能眞正把握圖書館行政的內涵，發揮圖書館行政的功能，只在可見的外形上，學習一些「狀況」，諸如組織的建立，人員的甄選，和經費的運用等，卻未見多加揣摩其精神，而善用原則上的正面作用。這一點是相當可惜的，也是我們圖書館從業人員需要努力的地方，本文擬藉此提供一愚之見，以爲大家參考，並請多多指敎。

「行政」非「事務」

首先，我們應該確認「行政」的內涵，然後擔任行政工作的人，才知道自己的責任是甚麼。目前，在我們這個社會裏，大家一定常常聽到這樣的對話。「你現在擔任行政工作一定很忙」，「我們擔任行政工作，千頭萬緒，眞是窮於應付」，「做行政工作的人，大小事情都要管，稍一疏忽，就會出問題」。以上所說，確是實情，但是我們要問，這就是我們所說的「行政」嗎？以當一位圖書館長而論，他毫無疑問的，是這所圖書館的行政重心所在，他該管的是甚麼？如果眞的事無巨細，都要躬親處理，那他還能做甚麼？因爲一個人的精力有限、時間有限，甚麼事都管了，結果一定是甚麼事都管不好。而且圖書館既是一個組織，當然會採取分工，行政人員所肩負的是甚麼任務，自己必須清楚才對。只要對行政學略具常識的人，大家都知道行政不是事務。行政是一種導航的工作，它依據任務，標示工作的方向，擬訂工作的計劃，管制工作的執行，考核工作的成效。以一所圖書館而論，行政工作者的任務，是瞭解圖書館的任務為何，然後考慮透過何種工作設計，才能達成任務，於是擬訂適當的工作計劃，運用組織，把人力、財力和物力都發揮至最高的效能，計劃得以認眞執行，最後再考核成果，究竟達成任務到甚麼程度，我們的工作計劃是否妥適，執行時有無偏差，各種條件的運用可曾達到最高境界，與預期的工作目標還有多少距離，如何擬訂新的工作計劃以賡續完成自己的任務。這些才是圖書館行政的眞正內涵，也正是圖書館行政人員的責任所在，都是智慧性的工作，偏重思考的工作，而且是把學識、經驗冶為一爐的策劃性的工作。至於為了工作計劃的執行，我們自然需要一些「週邊性」的工作來配合，當然這些工作也關係到任務的達成與否，但究竟是屬於事務性的。事務性的工作，應該由組織層次較低的人員來負責。但是，這些卻是具體地在執行的工作，比較容易被人覺察，而且也都是達成任務的歷程，因此被認為是行政工作的本體，當然不是。擔任行政工作，若是不能注意及此，勢將本末不分，輕重倒置，如此而希望圖書館的經營，不致偏離任務的指標，恐怕是不大可能的。環顧當今不少圖書館，工作十分努力，業務也確實繁忙，從外表看起來，也像是蠻有生氣的，照說應該在達成任務上有不少成就，但是冷靜下來一想，便會發現，熱鬧儘管熱鬧，忙碌也够忙碌，究竟有多少眞正的績效，則是一大問題了。無他，圖書館行政沒有發揮功能，沒有對為達成任務所進行的業務善盡規劃的責任，任由事務性的活動「獨自」在推展，脫離了正規運作的軌跡，難以得到預期的效果，是不難想像的。因此，我們誠懇地建議和要求，圖書館的行政人員，需要多坐下來冷靜地作一些思考，從圖書館學的理論之中，體認圖書館的任務，再根據實務的經驗，認清當今的環境，去設計出一套可行的工作計劃來，認眞執行，嚴加考核，虛心檢討，謀取改進，發揮圖書館行政的功能，而不要耗費太多的心力在一些事務性的工作之中。如此，則圖書館的經營，一定會日新又新的。

「行政」亦「管理」

其次，我們根據上文所述，可以知道圖書館行政的內涵，事實上是包括了圖書館經營的整個範圍，從計劃、執行、到考核，三者循環實施，周而復始，使圖書館的任務，便在這不斷的過程中逐漸達成。但是，近年以來，興起了一門管理科學，後來也被引進了圖書館學的領域，所謂圖書館管理，最近也傳來國內，非常時髦。記得有一次集會的時候，曾有人問及圖書館行政與圖書館管理何所區分？因爲有的圖書館學校同時講授這兩門課程，可惜當時未曾有人回答這個問題。其實，兩者所涵蓋的範圍，並無多大差異，只是彼此側重之點不同而已。兩者都是追求目標的達成，與任務的實現；兩者都要有規劃設計在先，也都要透過執行處理的過程，然後才能達成任務。當然，行政學重視原則的探討、觀念的建立；而管理科學雖然也講求這些，卻應用了很多新興的學問，諸如行爲科學等，不僅追求工作效率的增加，同時強調人羣的領導，以廣收其成效，使其在應用上更有價值，裨益於人類社會。因此，在圖書館行政來說，兩者應可相輔相成，而絕無衝突，且更沒有一般人心目中的新舊之分。不過，個人希望在此陳述一點，那便是管理二字，在我國文字的習慣用法之中，與目前管理科學的涵義，是略有出入的。傳統的觀念裏，管理較爲偏重於執行的部份，而較少涉及計劃與考核兩方面。所以我們常對學生們說，將來要做一位圖書館員，而不是一位圖書管理員。因爲圖書館員，要有理想、有使命感、要透過圖書館學的思考，把圖書館的任務，在經營中逐步實現，也就是藉圖書館行政的處理運用，使圖書館功能境界能昇華到較高層次。至於管理呢，則談不上這些了。能把一所圖書館的業務，按照既訂的計劃，有條不紊地執行得很順暢，就算管理得功德圓滿了。現在的管理科學，當然不止於此，已經完全超越了傳統的管理二字的範圍，而與行政相提並論，只不過更重視管理這一部份，以致與行政有所差異而已。可惜的一點，也就是本文要陳述的一點，國人有以傳統的管理的意念，去看待新的管理科學，把圖書館管理的範圍，侷限在昔日的管理的界限之中，我們期期以爲不可。這樣的話，不僅不可能實現圖書館經營的目的，也枉費了管理科學的發展。此外，還有一點，要提請大家參考，朱承武先生編著現代管理科學的序言中有一段話：「管理學說的內容與管理方術的應用，固然屬於社會科學，也涉及純科學，且秉具藝術的特質。再因，時代有別，情境互異，管理者個別需要尤復不同，是故，任何一種管理學說與管理方術皆不可能四海皆準，百世不惑，可以之解決任何時地管理上的各種問題。」我們認爲，在講求圖書館管理之時，更該體認出：管理科學最初是因何而起，如今應用在圖書館學上，自然也需要作若干程度的適應。圖書館管理，是圖書館經營的觀念上的新發展，但是我們如果希望在這一方面有所收獲，恐怕必須先能夠掌握這種新學說的眞正內涵與精神，而切忌由於語意上的問題，迷失了圖書館經營的原則與方針，那就眞的是未蒙其利，先受其害了。

「行政」也「評鑑」

任何一種事業的經營，都必然地講求效果，圖書館也不例外。但效果如何衡量，而且進行得客觀公正，就是一門學問了。圖書館評鑑，於是便應運而生，深受大家重視。其實，在圖書館學的範疇裏，圖書館行政與圖書館管理，都也會講求評鑑的。以圖書館行政而論，在圖書館裏，任何一項業務，都應接受評鑑的。聘用一名館員，而加以考核，何嘗不是評鑑的一部份。所謂行政，本卽是計劃、執行與考核。沒有考核，或者考核不認眞的行政，結果必然失敗。管理科學亦然，希望達成目標，也不會是一蹴可及的，一定經過不斷的考核改進，才能如願，也要經過評鑑的過程。所以，評鑑應該是行政和管理的一部份，而且是不可缺少的一部份。在圖書館學校裏，把圖書館評鑑列爲一門課程，是有理由的，因爲現在評鑑圖書館，應用很多學理，有特別的方法，經過精巧的設計，讓評鑑進行更細密、更科學、更可靠。也惟有這樣，評鑑的功能，才有機會充份發揮。但在圖書館經營之中，評鑑卻普遍地不斷在進行中，而且常是自我評鑑，因爲在行政處理中非常重視這一步驟。惟有在不斷評鑑之中，才能促成行政上的發展。可是，目前大家對評鑑似乎未曾注意及此，而較爲關心外界或者上級對圖書館的評鑑。誠然，這也是一種評鑑，而且關係著我們的工作成效能否得到別人的肯定。例如最近一次教育部評鑑各大學院校，把各校圖書館也列爲評鑑項目之一，評鑑小組透過基本資料的塡報，實地的瞭解，對各大學圖書館進行評鑑，各館對此均極爲重視。因爲從這樣的評鑑中，我們可以瞭解各館所具有的基本條件、服務狀況，以及功能發揮的情形。這次對圖書館的全身健康檢查，是從整體作一次通盤的瞭解。然而，這種評鑑，不太可能經常舉行，何況評鑑的作業，不是操之在我。一所圖書館，如果全然想依靠這樣的評鑑，以求對自己的瞭解，顯然是不够的。所以，自我評鑑，必須經常舉行。這一類的評鑑，雖不如前述的那一種評鑑來得那麼正式，但是它的作用卻比較具體而重大。我們在講求行政管理的時候，有時候雖然沒有口口聲聲提到評鑑，事實上卻時時刻刻在進行。因此，有人認爲行政之中，未討論評鑑，是一大缺點，其實這一說法是値得商酌的。試想，除非不是眞正的講求行政，否則，那有行政不進行評鑑？不進行評鑑，根本不成其爲行政了。當然，這又可能是外來知識傳入上所引起的不必要誤會。評鑑應該不是一件新的工作，只是近來的評鑑，有了新的觀念，用了新的方法，依據了新的標準，產生了新的意義而已。評鑑工作的進行，仍多融和在行政工作之中，而毋需乎另樹一幟。我們無意去誇大行政工作的內涵，把所有的工作，都包括在行政工作之內，但行政本乎自然，本爲一體的，也不應該讓它自立門戶。否則，不但違反行政的原則，同時也一定會影響行政的功能。我們樂見評鑑在圖書館行政中有所貢獻，而不可以忽略了它們之間的依存關係。再說，整個圖書館的經營，本來就是一體的，所有的業務，都是在相輔相成、相得益彰的狀況下進行，才有機會創造出光明的前途，這也才是需要講求圖書館行政的理由。

圖書館行政，本卽是超越在一般圖書館技術之上的一門綜合性的學問，而且兼具藝術特性。從事圖書館行政工作人員，必須有相當程度的專業學養，正確而豐富的實務經驗，敏銳而靈活的行政技巧，然後才能經由行政處理的妥善安排，自然流暢地在業務進行之中，有條不紊地實現工作目標，達成任務、完成使命。在這一連串要求中，最不容含混的，莫通於觀念上的問題，偶有差失，將毫釐千里，因爲圖書館行政人員，有如航行中船隻的舵手，不可不愼，一切成敗均繫之於此。

附錄四

參考書目

㈠藍乾章編著：圖書館經營法
㈡中國圖書館學會編：圖書館學
㈢張金鑑著：行政學典範
㈣國立中央圖書館編印：中華民國圖書館年鑑
㈤王振鵠編著：圖書選擇法
㈥藍乾章編：圖書館標準傢俱圖
㈦王征編：圖書館應用表格傢俱圖說
㈧姜文錦譯：圖書館建築設計概論
㈨王省吾著：圖書館事業論
㈩預算法
⑪拙著：中學圖書館的理論與實務

(十二)拙著：圖書館學的實用價值
(十三)拙著：我國當前圖書館教育任務之探討
(十四)James A. Hulbert: An Introduction to Library Science.
(十五)Lowe: Public Library Administration.
(十六)Wheeler and Goldhor: Practical Administration of Public Libraries.
(十七)E.W. McDiarmid and John McDiarmid : The Administration of American Public Library.
(十八)Myrl Ricking and Robert E. Booth : personnel Utilization in Libraries.
(十九)Rolf. Myller : The design of the small public libraries.
(二十)Michael Brawne : Libraries architecture and equipment.